作者简介

陈志华，山西临汾人，管理学博士学位，北京师范大学一带一路学院讲师。研究领域为能源经济与环境政策、"一带一路"可持续发展等。参与国家自科／社科基金和省部级课题多项，在国内外 SCI/SSCI 期刊发表论文近二十篇，参与出版著作多部。

刘诗琪，广西桂林人。纽约大学硕士，中国社会科学院与荷兰莱顿大学联合培养博士。国际关系专业，主要研究"一带一路"、中非关系、南南合作等。主笔、主研省部级课题十余项，参与国家社会科学基金重大项目多项，发表相关研究领域论文二十多篇。

张梦雨，湖北武汉人。美国伊利诺伊大学厄巴纳－香槟分校数学学士，澳大利亚国立大学统计学硕士，北京师范大学一带一路学院智库研究助理。研究领域包括气候治理、数字经济、中美关系等。参与国家社会科学基金重大项目和省部级课题多项。

高质量共建"一带一路"丛书 | 王守军 胡必亮 主编

绿色"一带一路"

陈志华 刘诗琪 张梦雨

王 晖 李锦城 桂思思 著

BELT AND ROAD

北京师范大学出版集团
BEIJING NORMAL UNIVERSITY PUBLISHING GROUP
北京师范大学出版社

总　序

　　2008年，金融危机在美国全面爆发并迅速通过股市、债市、汇市、贸易、投资等渠道快速扩散到了与美国经济金融关系紧密的欧洲，因此欧洲很快也陷入了严重的债务危机之中。同时，金融危机也蔓延到了整个世界，新兴市场国家和发展中国家也深受其害。为减轻不利影响，世界各国都采取了积极应对之策以稳定金融秩序、刺激经济增长。美联储在一年左右时间连续降息10次后使联邦基金利率为零，奥巴马总统上台不到一月就签署了总额为7870亿美元的经济刺激计划；我国的反应更快，在美国金融危机尚未全面爆发之时，国务院已于2008年11月出台了十项措施，投资4万亿人民币刺激经济增长；欧盟建立了一个总额为7500亿欧元的救助机制以遏制债务危机的进一步扩散并捍卫欧元。总之，世界各国、各区域都采取了积极救市政策，试图缓解和控制金融危机的扩散。

尽管如此，2008 年的全球金融危机还是给全世界的金融、经济、政治等各方面都带来了很多负面影响，而且这些影响是长期的、深刻的。以欧洲为例，直到 2012 年，欧洲债务危机仍然十分严重，欧洲经济疲软、失业率居高不下。其他地区和国家的具体情况可能有所不同，但总体而言 2008 年的全球金融危机发生多年后，世界金融市场并不稳定，经济增长仍然乏力，失业率依然较高，有些国家还出现了政治动荡，全球治理更加失序。

在这样的历史背景下，联合国和其他国际组织以及很多国家都提出了一些帮助世界稳定金融秩序、促进经济增长、完善全球治理的倡议和方案。也正是在这样的国际大背景下，结合中国进入新时代后构建全面对外开放新格局的需要，习近平总书记利用他 2013 年秋对哈萨克斯坦和印度尼西亚进行国事访问的机会，先后提出了共建丝绸之路经济带和 21 世纪海上丝绸之路的重大倡议，合称"一带一路"倡议。

习近平总书记提出共建"一带一路"倡议的基本思路，就是用创新的合作模式，通过共同建设丝绸之路经济带和 21 世纪海上丝绸之路，加强欧亚国家之间以及中国与东盟国家之间乃至世界各国之间的政策沟通、设施联通、贸易畅通、资金融通、民心相通，从而使世界各国之间的经济联系更加紧密、相互合作更加深入、发展空间更加广阔。从经济方面来看，通过共建"一带一路"，加强世界各国的互联互通，更好地发挥各国比较优势，降低成本，促进全球经济复苏；从总体上讲，参与共建各方坚持丝路精神，共同把"一带一路"建成和平之路、繁荣之路、开放之路、创新之路、文明之路，把"一带一路"建成互利共赢、共同发展的全球公共产品和推动构建人类命运共同体的实践平台。

在共建"一带一路"倡议提出五年多时间并得到世界绝大多数国家和国际组织认可、支持并积极参与共建的良好形势下，习近平总书记在 2019 年 4 月举行的第二届"一带一路"国际合作高峰论坛上又进一步提出了高质量共建"一带一路"的系统思想，包括秉承共商共建共享原则，坚持开放、绿色、廉洁理念，努力实现高标准、惠民生、可持续目标等十分丰富的内容，得到了参会 38 国元首、政府首脑和联合国秘书长、国际货币基金组织总裁以及广大嘉宾的高度认可。这标志着共建"一带一路"开启了高质量发展新征程，主要目的就是要保障共建"一带一路"走深走实，行稳致远，实现可持续发展。

面对 2020 年出现的新冠肺炎疫情全球大流行的新情况，习近平总书记提出要充分发挥共建"一带一路"国际合作平台的积极作用，把"一带一路"打造成团结应对挑战的合作之路、维护人民健康安全的健康之路、促进经济社会恢复的复苏之路、释放发展潜力的增长之路；2021年4月，习近平总书记又提议把"一带一路"建成"减贫之路"，为实现人类的共同繁荣作出积极贡献。

随着共建"一带一路"的国际环境日趋复杂、气候变化等国际性问题更加凸显，习近平总书记从疫情下世界百年未有之大变局加速演变的现实出发，在2021年11月举行的第三次"一带一路"建设座谈会上，就继续推进共建"一带一路"高质量发展问题提出了有针对性的新思想。重点是两个方面的内容：一方面，坚持"五个统筹"，即统筹发展和安全、统筹国内和国际、统筹合作和斗争、统筹存量和增量、统筹整体和重点，全面强化风险防控，提高共建效益；另一方面，稳步拓展"一带一路"国际合作新领域，特别是要积极开展与共建国家在抗疫与健康、绿色低碳发展与生态环境和气候治理、数字经济特别是"数字电商"、科技创新等新领域的合作，培养"一带一路"国际合作新增长点，继续坚定不移地推动共建"一带一路"高质量发展。

在我国成功开启全面建设社会主义现代化国家新征程、向第二个百年奋斗目标进军的关键历史时刻，习近平总书记在中国共产党第二十次全国代表大会上又一次明确指出，推动共建"一带一路"高质量发展。

为了全面、准确理解习近平总书记关于高质量共建"一带一路"的系统思想，完整、系统总结近十年来"一带一路"建设经验，研究、展望高质量共建"一带一路"发展前景，北京师范大学一带一路学院组织撰写了这套《高质量共建"一带一路"丛书》，对"一带一路"基础设施建设、"一带一路"与工业化、"一带一路"贸易发展、"一带一路"金融合作、绿色"一带一路"、数字"一带一路"、"一带一路"与新发展格局、"一带一路"与人类命运共同体、"一带一路"投资风险防范等问题进行深入的专题调查研究，形成了目前呈现在读者面前的这套丛书，希望为广大读者深入理解高质量共建"一带一路"从思想到行动的主要内容和实践探索提供参考，同时更期待大家的批评指正，帮助我们今后在高质量共建"一带一路"方面取得更好的研究成果。

2021 年中国共产党隆重地庆祝百年华诞，2022 年党的二十大的召开，对推进我国社会主义现代化强国建设都具有十分重要的战略意义；今年也是北京师范大学成立一百二十周年。因此，我们出版这套丛书，对高质量共建"一带一路"这样一个重大问题进行深入探讨，很显然也具有重要且独特的历史意义。北京师范大学出版集团党委书记吕建生先生、副总编辑饶涛先生、策划编辑祁传华先生及其团队成员都非常积极地支持这套丛书的出版，并为此而付出了大量时间，倾注了大量心血，对此我们表示衷心感谢！我们的共同目标就是希望用我们的绵薄之力，为推动共建"一带一路"高质量发展、为实现中华民族伟大复兴以及为推动构建人类命运共同体而作出应有的贡献。

王守军　胡必亮

2022 年 10 月 26 日

目　录

第一章　绪　论　　/ 1

　　一、研究背景　　/ 1

　　二、研究意义　　/ 3

　　三、国内外研究进展　　/ 5

　　四、研究思路　　/ 16

　　五、研究特点与难点　　/ 19

第二章　绿色"一带一路"的提出与发展　　/ 22

　　一、提出与内涵　　/ 23

　　二、现状和成就　　/ 33

　　三、风险与挑战　　/ 46

第三章　绿色"一带一路"的实证研究　　/ 56

　　一、模型构建　　/ 58

二、实证结果及分析　/ 63

三、结论与启示　/ 74

第四章　绿色"一带一路"典型案例　/ 78

一、绿色交通　/ 78

二、绿色能源　/ 89

三、绿色金融　/ 103

第五章　国际社会对绿色"一带一路"的反应　/ 114

一、国际社会对绿色"一带一路"的呼吁　/ 114

二、国际社会对绿色"一带一路"相关政策法规的反应　/ 127

三、部分国家气候政策针对绿色"一带一路"做出调整　/ 134

第六章　主要结论和政策建议　/ 138

一、主要结论　/ 139

二、政策建议　/ 147

第一章 | 绪 论

一、研究背景

自 2013 年中国国家主席习近平提出共建"丝绸之路经济带"和"21 世纪海上丝绸之路"倡议以来，绿色一直是贯穿所有倡议行动的底色。推动建设绿色"一带一路"与我国生态文明发展理念和联合国可持续发展目标紧密契合。2017 年 5 月，环境保护部、外交部、发改委、商务部联合发布了《关于推进绿色"一带一路"建设的指导意见》，彰显了中国协同推进国内、国外绿色发展的愿望和行动。

"一带一路"相关国家和地区很多都面临着生态环境和气候变化的严峻挑战，也正在共同经历史上最大规模的绿色低碳转型。我国主动承担大国责任，寻求以科技创新驱动、工业和能源革命为主要特征的创新发展路径，帮助"一带一路"相关国家减缓经济发展带来的生态破坏，避免落入高碳路径锁定和伴生的发展陷阱。2020 年 9 月，习近平主席在第 75 届联合国大会一般性辩论上向国际社会郑重宣布，中国"二氧化碳排放力争于 2030 年前达到峰值，努力争取 2060 年前实现碳中和"，"双碳"目标的制定开启了高质量共建绿色"一带一路"新格局。

截至 2022 年 3 月，参与共建"一带一路"的国家已经达到 148 个，"一带一路"的覆盖范围越来越广，作为一项全球公共产品，"一带一路"倡议联合发展中国家和发达国家一起应对全球气候和环境问题，为推动全球绿色经济与可持续发展持续发力。2022 年 3 月，发改委、外交部、生态环境部、商务部四部门发布了《国家发展改革委等部门关于推进共建"一带一路"绿色发展的意见》，对 2017 年 5 月《关于推进绿色"一带一路"建设的指导意见》进行再一次深化，也再次强调了我国要同世界各国一同走绿色发展之路的决心。

随着共建"一带一路"合作日益深入，数字经济合作成为建设绿色"一带一路"的新动能。截至 2020 年年底，中国已与

16 个国家签署"数字丝绸之路"合作谅解备忘录，与 22 个国家建立"丝路电商"双边合作机制。在全球贸易遭受冲击的背景下，中国跨境电商实现了逆势大幅增长，对稳定"一带一路"贸易往来提供了有力支撑。各国也更加重视数字经济发展，"绿色""数字"将成为未来高质量建设"一带一路"的重点内容。

"一带一路"倡议提出以来，绿色实践的进展如何？对相关国家的绿色经济发展产生了哪些影响？在一些绿色发展项目中积累了多少经验可以进一步推广？国际社会对于中国推动建设绿色"一带一路"有什么反应？如何影响后续绿色"一带一路"的发展？最后，推动高质量共建绿色"一带一路"，中国需要采取怎样的战略和实现路径？以上问题是本书的研究旨趣。

二、研究意义

(一)理论与学术意义

用绿色发展理念引领和贯穿现在及未来"一带一路"合作倡议的新方向和新模式，体现着中国特色社会主义政治经济学的与时俱进和中国智慧。本书首先从建设绿色"一带一路"的思路、原则、目标等方面，回顾绿色要素在推动相关国家生态文明与低碳经济发展中的作用，并明确其在未来建设中的关键地位，结合过去经验和新时代特征，进一步完善推动建设绿色"一带一路"的理论体系。然后，通过构建数量经济模型，量化"一带一路"倡议实施对相关共建国家的绿色经济发展产生的具体影响，为绿色"一带一路"相关学术研究提供新的思路和方向。

(二)现实与实践意义

参与共建"一带一路"地区包含许多亚洲、非洲等发展中国家，普遍面临着工业化、城市化带来的经济发展与生态保护的矛盾，走绿色发展道路是相关各国的共同诉求。绿色"一带一路"也正是在此现实背景下提出的，该研究主题对"一带一路"相关区域及全球社会、经济、环境协调发展具有重要的现实意义。截至 2022 年 3 月，参与共建"一带一路"的国家已达到 148 个，其中不乏在绿色低碳经济领域具备技术优势的发达国家，相关各国在"一带一路"倡议的框架下，共同推动全球绿色经济转型。本书在大范围、长时间获得可比较的有效信息基础上，对相关国家的生态环保与社会经济数据进行统计、整理，充分分析各国绿色发展能力现状和潜力；然后，挑选"一带一路"交通、能源、金融等典型绿色项目进行案例分析，总结推动绿色"一带一路"发展的经验与不足；最后，结合国际社会的反馈与现实发展环境，为深入探讨中国与相关各国绿色发展合作问题探索新的思考方式和实现路径。

三、国内外研究进展

绿色"一带一路"提出后，就引起国内外学者的广泛关注，相关研究成果逐渐丰富。绿色"一带一路"相关措施落实后，是否对相关国家的社会经济环境发展产生了影响？学者以"一带一路"为准自然实验，以 2013 年作为事件冲击的时间节点，基于 2015—2017 年数据对"一带一路"沿线 55 个国家环境质量的影响进行了考察。结果表明，"一带一路"建设显著提高了沿线国家的环境质量，且对基础环境质量较低的沿线国家环境改善效应更大。这反映了"一带一路"建设对联合国 2030 年可持续发展目标的支撑作用。[①] Jiang 等学者[②]通过构建双重差分模型，测试"一带一路"倡议对沿线国家绿色经济发展的贡献。结果显示，"一带一路"倡议相关行动的实施，降低了沿线国家 34.5% 的能源消耗强度以及 36.4% 的碳排放，其中技术溢出扮演了重要角色。另外，还有大量研究从"一带一路"涉及的基建、能源、金融等角度，来探索绿色要素所发挥的作用，以及建设绿色"一带

[①] 曹翔、滕聪波、张继军：《"一带一路"倡议对沿线国家环境质量的影响》，载《中国人口·资源与环境》，2020 年第 12 期。

[②] Jiang Q.，Ma X.，Wang Y. "How Does the One Belt One Road Initiative Affect the Green Economic Growth?"，*Energy Economics*，2021(101).

一路"面临的机遇和挑战。

(一)绿色"一带一路"建设在多领域同步推进

1."一带一路"绿色基础设施

设施联通在"一带一路"建设和发展中发挥着先导性的作用,过去我国企业进行海外基础设施建设投资时,因项目管理不规范导致发生环境和安全问题而影响项目施工进度,使企业遭受损失甚至因此停工的案例不在少数。这里面最重要的原因就是企业对于项目中生态环保要素的忽视,缺乏对绿色基础设施概念的认识,以及未形成基于绿色基础设施理念的项目设计、施工、运营的系统性方案。[1] 要想避免过去发生的意外事件,必须从传统基础设施建设全面升级到绿色基础设施建设,政府需要加强政策引导,国企需要通过样板工程树立标杆,私企需要提高承担社会责任的意识。[2] 除了在大型交通、能源等工程建设过程中注重环境和生态保护外,绿色基础设施还包含更广泛的概念。

现代城市绿色基础设施要融入城市社会经济发展当中。绿色基础设施除发挥基本的交通、电力、通信等功能外,还要提

---

[1] 黄贝、王霄、刘哲希:《中国海外基础设施建设与当地冲突——基于水电站项目的实证分析》,载《世界经济与政治》,2021 年第 11 期。

[2] 王洛忠、张艺君:《"一带一路"视域下环境保护问题的战略定位与治理体系》,载《中国环境管理》,2016 年第 4 期。

供恢复城市生态、提高空气质量和维持生物多样性等生态服务，旨在通过绿色基础设施框架的构建来突破传统生态保护的局限性，最终实现生态、社会、经济的协调和可持续发展。①

除传统基建工程外，新基建的概念近年来也逐渐被社会各界所了解，新型基建包含数字化、信息化、高科技含量的特征，具有天然"绿色"属性。张羽婷等人利用 2004—2018 年中国与"一带一路"共建国家双边贸易面板数据，引入绿色新基建等因素拓展双边贸易引力模型，针对绿色新基建对林业环境产品出口的结构优化效应进行实证检验，结果发现绿色新基建能够通过降低贸易成本，扩大林业环境产品出口的扩展边际和产品种类，从而促进"一带一路"相关国家间的绿色贸易。②

2."一带一路"绿色能源合作

"一带一路"推动过程中，地域能源合作成了重要的战略抓手，为中国能源企业走出去参与国际能源投资和建设，带动相关装备技术与贸易服务"走出去"带来新的契机。相关文件中也提出要"能源打头，多措并举"，其中的"大能源"合作中提到要"加强能源基础设施互联互通合作，推进跨境电力与输电通道建

---

① 王志芳、付宏鹏、周瑶瑾等：《英、美、德绿色基础设施规划案例对于中国的借鉴意义》，载《南方建筑》，2019 年第 3 期。

② 张羽婷、万璐：《绿色新基建是否能为中国林业环境产品出口结构优化赋能——基于"一带一路"贸易产品范围经济视角》，载《北京林业大学学报（社会科学版）》，2022 年第 1 期。

设，积极开展区域电网升级改造合作"，"积极推动水电、核电、风电、太阳能等清洁、可再生能源合作，推进能源资源就地就近加工转化合作，形成能源资源合作上下游一体化产业链"①。

推进能源的绿色可持续发展、帮助沿线各国建立绿色能源产业链已成为"一带一路"能源合作的重要内容。2021 年 10 月，以"携手迈向更加绿色、包容的能源未来"为主题的第二届"一带一路"能源部长会议在青岛召开，会议发布了《"一带一路"绿色能源合作青岛倡议》，显示了能源领域践行"双碳"承诺，深化"一带一路"绿色能源合作伙伴关系，促进能源转型变革和绿色能源高质量发展，推动各国实现疫情后的低碳、有韧性和包容性经济增长的决心。②

随着能源需求的不断扩大，环保要求日益提高，加之多个国家雄心勃勃的可再生能源发展目标，新能源产业一定会成为"一带一路"能源合作的新蓝海。中国新能源产业具有全方位的产业链、技术优势，可以提供"生态治理＋绿色能源"的综合解决方案，"一带一路"相关国家多数处于快速发展期，能源需求和环保需求十分旺盛，这为中国企业在新能源领域提供了广阔

① 章翠萍：《浅谈小水电建设对"一带一路"发展的启发》，见《浙江打造"一带一路"战略枢纽研究学术研讨会论文集》，2018 年。

② 刘泊静：《〈"一带一路"绿色能源合作青岛倡议〉发布》，载《中国电力报》，2021 年 10 月 19 日。

的市场空间。①

2021 年 9 月，习近平主席在第 76 届联合国大会一般性辩论上向世界宣布：中国将大力支持发展中国家能源绿色低碳发展，不再新建境外煤电项目。这是我国为推动全球能源低碳转型发展自主采取的又一重要举措，为"一带一路"绿色电力合作进一步指明了方向。绿色发展将加强"碳中和"目标下共建低碳电力系统的多双边务实合作。中国与"一带一路"沿线国家可围绕构建低碳电力系统，在技术交流、能力建设、技术创新、标准对接、产能合作、工程示范等领域全方位加强务实合作，力争推动一批高质量、可持续、抗风险、价格合理、包容可及的绿色电力合作项目落地，为推动各方构建新型电力系统、实现能源高质量转型发展奠定基础。②

水电站因为技术成熟，成为能源合作的先锋。小水电作为以分布式为主的电源类型，能更大程度地避开大型水力发电建设需要生态移民的问题，小水电作为一种绿色环保、可再生的能源，是中国与"一带一路"沿线各国开展合作的重要领域。核电作为绿色、低碳、经济、安全的清洁能源，已逐步成为各国能源转型的重要选项，为相关国家能源体系"去碳化"发挥了重

---

① 付文利：《碳中和目标下的"一带一路"新能源合作契机》，载《当代石油石化》，2021 年第 10 期。

② 杜忠明：《一带一路绿色电力合作大有可为》，载《新能源科技》，2021 年第 10 期。

要作用。在"一带一路"沿线 65 个国家中，已经或正在计划发展核电的国家有 36 个，有核电并希望继续发展核电的国家有 12 个，对一些发展中国家而言，在不少地区电力尚且属于不可多得的"奢侈品"，侧面反映了"一带一路"核电能源合作具有广阔市场前景，核能作为低碳的基核电源的价值将逐步增加，将有效推动"一带一路"绿色可持续发展。①

3."一带一路"绿色贸易

传统贸易活动对生态环境会造成一定负担，发展绿色贸易是未来全球贸易的必然趋势。贸易开放是促进"一带一路"沿线国家绿色技术进步的重要渠道。② 当前"一带一路"沿线国家在绿色价值链、供应链等方面的合作已取得比较好的成绩，沿线一些国家对于我国的绿色低碳产品、服务、技术等方面的需求不断增加。作为贸易大国，我国应当鼓励开展绿色贸易，促使贸易开放，促进相关区域的绿色发展。③

李芳芳等人考察了绿色"一带一路"建设开始前后沿线地区的绿色贸易发展情况，发现绿色"一带一路"提出以来，沿线国家的绿色贸易壁垒强度和结构均有所改善，贸易绿色发展水平

①　林浩淼：《绿色核电助推"一带一路"走深走实》，载《中国核电》，2021 年第 3 期。

②　齐绍洲、徐佳：《贸易开放对"一带一路"沿线国家绿色全要素生产率的影响》，载《中国人口·资源与环境》，2018 年第 4 期。

③　陈欣：《"一带一路"视域下发展我国绿色贸易的思考》，载《全国流通经济》，2021 年第 30 期。

不断增强，但在区域和行业布局方面仍有较大发展空间，建议中国应与沿线其他国家共同持续规范绿色贸易壁垒，创新绿色发展机制，为实现"一带一路"相关区域可持续发展作出积极贡献。[①]

4."一带一路"绿色金融

绿色金融起源于发达国家，随着环境恶化等问题日益加重，发展中国家也越来越重视环境保护、资源节约、生态文明建设等议题。2016 年，中国人民银行、发改委、财政部等七部委联合发布了《关于构建绿色金融体系的指导意见》，将绿色金融定义为"为支持环境改善、应对气候变化和资源节约高效利用的经济活动，即对环保、节能、清洁能源、绿色交通、绿色建筑等领域的项目投融资、项目运营、风险管理等所提供的金融服务"。2019 年 2 月 14 日，七部委又联合发布了《绿色产业指导目录（2019 年版）》，详细列出了评价绿色项目的标准和范围[②]，规范对"一带一路"绿色项目的金融支持。

中国不断推动绿色金融在国内乃至国际范围内的实践和发展，加快推进"一带一路"中绿色投融资的发展，并为沿线国家和地区做到绿色发展提供助力。不过，要深入推动"一带一路"

[①]　李芳芳、解希玮、李心斐等：《绿色"一带一路"建设对绿色贸易壁垒发展的影响路径研究》，载《国际贸易》，2021 年第 9 期。

[②]　李静怡：《"一带一路"建设中基础设施的绿色融资创新研究》，长春，吉林大学，硕士学位论文，2020。

绿色金融建设，沿线国家和地区的团结一致必不可少，需要共同努力实现经济、社会和环境的绿色发展。[①] "一带一路"绿色金融建设对整顿全球范围内的金融业也具有示范作用，有利于改革国际经济金融体系。[②]

近年来，中国绿色金融和绿色信贷发展步伐加快，成为全球仅有的三个建立了绿色信贷指标体系的经济体之一，也是全球最大的绿色债券市场。[③] 通过发展多种多样的绿色金融产品，为企业提供可靠、安全的信贷支持，促进企业在参与"一带一路"建设中优化自身环境绩效，从而在根本上保障"一带一路"建设的绿色与可持续性。随着"一带一路"建设绿色化程度的加深，绿色信贷、绿色债券、绿色保险等绿色金融工具的发展也将会得到进一步的优化提升。[④]

(二)建设绿色"一带一路"的机遇与挑战

当前，在逆全球化风险突出、国际冲突不断的复杂局势下，推动共建绿色"一带一路"面临着新的合作机遇与挑战。我国需

---

① 曹明弟、董希淼：《绿色金融与"一带一路"倡议：评估与展望》，载《中国人民大学学报》，2019 年第 4 期。

② 叶宗奇：《"一带一路"倡议下构建绿色金融体系研究》，载《商业经济》，2018 年第 11 期。

③ 解然：《绿色"一带一路"建设的机遇、挑战与对策》，载《国际经济合作》，2017 年第 4 期。

④ 王若冰：《绿色金融助力"一带一路"建设研究》，北京，北京外国语大学，硕士学位论文，2020。

要发挥中国智慧、中国经验的作用，规范发展路径、明确发展重点，在"后疫情"时代引领全球经济的绿色复苏，推动共建绿色"一带一路"高质量发展。

1. 机遇

从全球发展趋势看，2008 年金融危机爆发后，全球经济陷入衰退，联合国环境规划署以"经济的绿化不是增长的负担，而是增长的引擎"为宗旨，发起"绿色经济"和"绿色新政"，全球范围内掀起了经济绿色转型的浪潮。2015 年 9 月，联合国发展峰会通过的《2030 年可持续发展议程》再次强调资源、环境带来的生存、生活挑战，传递出全球决心走向绿色低碳之路的强烈信号，表明绿色发展成为全球发展的主流。在此背景下，绿色"一带一路"顺应了全球发展的总体趋势，为促进沿线区域绿色转型、落实 2030 年可持续发展目标提供了巨大机遇。从国内发展阶段看，近年来，习近平总书记提出"绿水青山就是金山银山"等一系列关于生态环保的重要论述，将生态文明建设作为治国理政的重大方略。在解决自身环境问题的同时，中国自身的生态文明建设与绿色发展进程也正促使中国在国际环境合作中扮演更加积极的角色，不断提升向全球和区域提供绿色公共产品的能力。中国积极推动自身生态文明建设的相关行动将进一步演化为绿色"一带一路"建设的巨大内推力，推动中国通过引领绿色"一带一路"进行建设。另外，主要发达国家引领全球绿色发展动力不足，全球环境治理或出现真空，绿色"一带一路"建设可成为中国增强全球绿色领导力、推动全球环境治理体制机制创新的重要抓手。

从绿色能源合作视角看，"一带一路"沿线国家的绿色能源储量非常丰富，在"一带一路"的框架引导下，通过与沿线国家进行双边或多边合作，加强地区能源基础设施建设，实现我国与相关国家基础设施的互联互通，有助于构建起绿色能源经济带。同时，对中国来说目前在风能和太阳能发电装机规模上都是世界第一，技术水平也是全球领先，这为中国能源企业的"走出去"带来了机遇。[1]

近几年全球卫生领域遭受的冲击也是推动绿色"一带一路"建设需要面对的问题。面对考验，"一带一路"建设展现出强大的韧性和活力，2020年，中国在"一带一路"国家总投资额同比下降54％，但可再生能源投资占总投资额的比例由2019年的38％上升到2020年的57％，风能、太阳能和水电合作逆势增长，首次成为中国"一带一路"投资热点[2]，同时，世界各国的数字化转型进一步加速，数字技术发挥的引擎效应也逐渐从经

---

[1] 任丹丹：《"一带一路"视角下绿色能源经济带建设研究》，郑州，河南财经政法大学，硕士学位论文，2017。

[2] Christoph Nedopil Wang：《2020年中国"一带一路"投资报告：新冠疫情下的一年》，中央财经大学绿色金融国际研究院绿色"一带一路"中心研究报告，2021年1月。

济层面延伸至更广泛的社会层面。^① 未来，绿色"一带一路"需要在危机中寻找机遇，中国也应保障相关项目持续推进，给相关参与国带来更多信心。

2. 挑战

目前"一带一路"对外投资项目以基础设施建设为主，伴随着项目开发出现的资源、能源等要素流动性加大可能导致沿线地区复杂脆弱的生态环境面临巨大挑战，环境问题在国际社会上的敏感度也相对较高，相关项目开发建设面临一定环境及舆论风险。从政府的监管角度看，目前中国对外投资管理、环境监管体系尚未成型，相关企业在境外参与投资活动时容易忽视当地环境法规约束，损害环保信用。另外，部分中资企业境外项目环境管理能力不足，对绿色"一带一路"建设的参与意识不强，应对环境争议时缺乏系统性策略，不能有效利用法律法规，均加大了"一带一路"投资经营活动的生态环境风险。

资金是"一带一路"项目建设的重要保障，金融安全是重中之重。"一带一路"基础设施建设需要大量资金投入，而许多新兴的经济体或发展中国家财政能力有限，在短时期内都不具备提供庞大资金来源的条件，不能保证金融安全，是"一带一路"绿色经济带建设不容忽视的挑战。

---

① 赵祺：《后疫情时代数字"一带一路"的机遇与挑战》，载《当代世界与社会主义》，2021年第6期。

政治环境安全是影响经济发展的重要因素，要建设"一带一路"绿色经济带就绕不开区域内的相关地缘政治博弈。作为油气资源最丰富的中东地区局势一直动荡不安，中亚有的地区极端主义与恐怖主义并行，近年来政权也频现不稳定因素，东南亚多国与我国在领土和海洋问题上也存在冲突。要进一步推动绿色"一带一路"建设，在处理这些问题上就需要充分展现中国智慧。

四、研究思路

(一)章节安排

第一章为绪论，包括研究背景、研究意义、国内外研究进展、研究思路与方法，以及本书写作的独特之处与难点等内容。

第二章对绿色"一带一路"的提出和进展进行了整理归纳。其包括推动建设绿色"一带一路"相关文件的发布时间线，对其内涵的归纳解释，参与建设绿色"一带一路"区域的生态环保状况，绿色"一带一路"相关合作与行动的进展情况，以及未来深化绿色"一带一路"建设面临的风险挑战。

第三章构建了基于双重差分（DID）和倾向匹配得分方法的

实证模型，量化研究"一带一路"相关政策提出实施后对参与共建国家绿色经济发展的实质影响，其中包括多种稳健性检验，以及异质性和机制分析。

第四章从"一带一路"交通基础设施建设、能源工程以及金融领域分别挑选典型案例，详细整理各项目在生态保护、促进社会经济增长方面所采取的有效措施，并总结归纳相关经验和教训。

第五章整理了自提出"一带一路"倡议及推动建设绿色"一带一路"以来，国际社会的多方面反应，深入分析各方立场，并对未来国际发展环境作出判断，以探索绿色"一带一路"国际合作与高质量转型发展的实现路径。

第六章汇总前述各章节内容，对中国在新时期推动建设绿色"一带一路"提出可行的政策建议，引领世界在"后疫情"时代实现绿色经济复苏。

(二)研究方法

1. 文献分析法

收集分析国内外相关文献资料，总结归纳绿色"一带一路"建设的新理念、新方法、新成果；对有关绿色发展的大量国内外研究文献进行了梳理；对"一带一路"倡议与绿色经济发展的实证分析，检索、搜集、归纳和借鉴了已有的相关文献。

2. 计量经济法

第三章利用参与共建"一带一路"国家的面板数据，构建了以双重差分和倾向得分匹配方法为基础的计量经济模型，对"一带一路"倡议提出后，相关政策对共建国家绿色经济发展的影响进行量化分析。

3. 案例研究法

通过查阅文献资料、新闻报道、企业项目信息等资料，在交通、能源、金融等"一带一路"的重点建设领域挑选了典型案例进行分析，归纳项目实施过程中采取的绿色环保措施，总结相关经验和教训。

4. 对比研究法

把一些相近相似的概念，用联系和对比的方法进行分析，从而找出它们之间的内在联系和本质区别。本研究对比不同国家对绿色"一带一路"建设的反应，总结绿色"一带一路"相关行动措施的优势与不足，以寻找推动"一带一路"绿色发展的新思路。

(三)研究路线图

本研究涉及内容、方法及思路，可用图 1-1 概括。

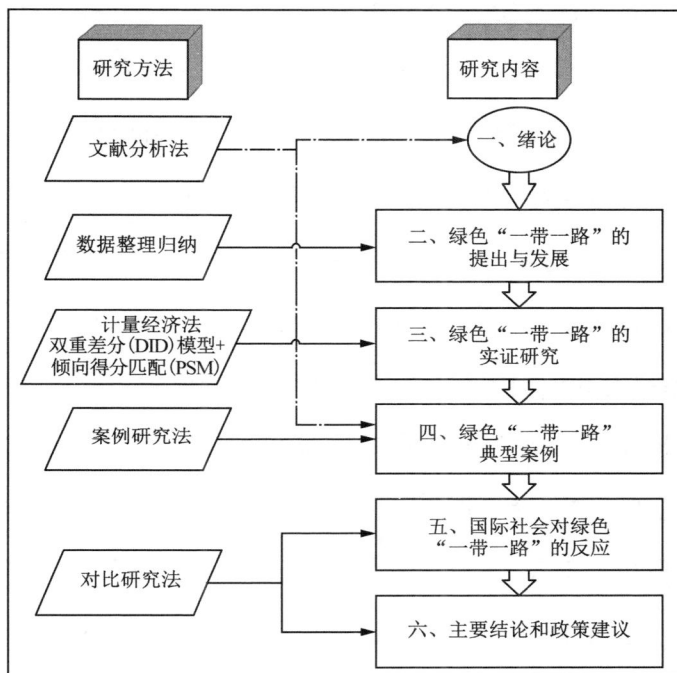

图 1-1　研究路线图

五、研究特点与难点

(一)研究特点

本书梳理了绿色"一带一路"倡议的提出脉络与我国生态文明建设和联合国可持续发展议程的紧密联系，以及在相关国家的最新进展情况。此外，本书研究特点主要体现在以下几个方面。第一，定性与定量分析相结合。在第一章、第二章中，本书对绿色"一带一路"的概念、内涵、发展进行介绍，并对如何引领相关国家实现绿色低碳转型发展进行机制理论分析。在第三章中，为量化绿色"一带一路"提出后对相关国家的实质影响，基于 130 个参与共建"一带一路"国家和 46 个非共建国家在 2006—2019 年的面板数据构建计量模型，实证检验了"一带一路"倡议对共建国家绿色经济发展的政策效应。第二，实证与案例分析相结合。在第三章的实证研究之后，第四章在交通、能源、金融等"一带一路"重点建设领域中挑选典型案例进行分析，梳理相关工程项目开展过程中有利于平衡环保和经济效益的措施，总结相关经验和不足。第三，内部剖析与外部研判相结合。本书不仅从加强绿色"一带一路"自身建设视角进行多方位分析，还着重研究了国际社会的反馈，全面考察外部环境的变化，审时度势，有利于绿色"一带一路"在全球范围内走深走实，为未来制定高质量发展策略提供参考依据。

(二)研究难点

本书覆盖绿色"一带一路"的发展理念、进展、国际反应等多个方面，难点主要在以下几点：第一，绿色发展涉及内容广泛、内涵丰富，"一带一路"倡议下的诸多行动与项目都包含绿色要素，但难以用统一的标准或单一指标来衡量其绿色建设水

平。第二，各国对于环境保护的法律规章制度存在差异，相关
"一带一路"项目采取的环保措施不尽相同，也难以完整统计，
不能完全体现相关企业在绿色环保和经济效益方面所做的努力。
第三，由于参与共建"一带一路"的国家众多，许多发展中国家
数据统计机制不完善，数据缺失可能对量化分析精度造成一定
影响。第四，地缘政治关系使得各国对绿色"一带一路"的反应
具有主观性，在文化历史认同方面也存在邻里冲突，政府反应
和百姓态度也需要区别分析，多重复杂性增加了全面把握国际
社会对建设绿色"一带一路"看法并制定应对策略的难度。

第二章 | 绿色"一带一路"的提出与发展

　　当前，各国都在积极探索新的方法、新的模式、新的道路来解决资源和环境问题。而"一带一路"共建国家大多是发展中国家，初期其发展方式仍然是以环境为代价，存在着资源利用率低，环境保护意识薄弱，实行"先污染后治理"政策等诸多不利因素。从中国自身发展的经验和"一带一路"国家目前所面对的实际威胁来看，如果没有对资源保障和生态建设的支持，那么，传统的经济发展模式无论是在质量上还是在可持续性上，都将面临巨大的挑战。绿色"一带一路"在这样的大环境下提出，不仅符合世界发展的整体趋势，而且为推动区域绿色转型、实现 2030 年可持续发展目标创造了广阔的发展空间。同时，绿色"一带一路"建设在绿色合作、绿色公共产品供应、全球环境治理等领域都有了长足的进步，"一带一路"的绿色内涵也得到了进一步的拓展。

一、提出与内涵

（一）绿色"一带一路"的提出

2012 年，"里约＋20"峰会将绿色经济纳入全球政治议程，确立了绿色经济在全球环境治理中的地位，使其成为今后全球经济发展的重要趋势。2014 年，全球 65 个国家都在发展绿色经济，49 个国家已实施了国家战略级别的绿色发展的政策，例如：欧盟的"可持续发展"，日本的"循环社会"，南非的"绿色经济"，泰国的"适足经济"，哈萨克斯坦的"绿色桥梁"。2015 年 9 月，联合国发展峰会通过的《2030 年可持续发展议程》再次强调资源、环境带来的生存、生活挑战，要求从经济、社会、健康、生态系统不同维度的 17 个目标、169 个指标实现全球可持续发展。同年 12 月，联合国气候变化大会上通过《巴黎协定》，为应对气候变化提供了新的制度框架，传递出世界各国决心走向绿色低碳之路的强烈信号，表明绿色发展正在成为全球发展方向中的主流。

2013 年，习近平主席在哈萨克斯坦纳扎尔巴耶夫大学回答学生问题时指出，"我们既要绿水青山，也要金山银山。宁要绿水青山，不要金山银山，而且绿水青山就是金山银山"。这既是"一带一路"建设坚持绿色发展的明确态度和坚决的意志，也是今后"一带一路"绿色发展的重要理论指导，更表明了中国将要从世界环境治理体制的跟随者、受益者转变成为引领者、贡献者。

2015 年 3 月 28 日，发改委、外交部、商务部联合发布了《推动共建丝绸之路经济带和 21 世纪海上丝绸之路的愿景与行动》，其中明确指出："在投资贸易中突出生态文明理念，加强生态环境、生物多样性和应对气候变化合作，共建绿色丝绸之路。"

2016 年 6 月 22 日，习近平主席访问乌兹别克斯坦期间进一步强调，要着力深化环保合作，践行绿色发展理念，加大生态环境保护力度，携手打造"绿色丝绸之路"。

2016 年 8 月 17 日，在推进"一带一路"建设工作座谈会上，习近平总书记提出要聚焦携手打造绿色丝绸之路、健康丝绸之路、智力丝绸之路、和平丝绸之路，一步一步把"一带一路"建设推向前进，让"一带一路"建设造福共建各国人民。

2017 年 4 月 26 日，环境保护部、外交部、发改委、商务部联合发布《关于推进绿色"一带一路"建设的指导意见》，明确了推进绿色"一带一路"的总体要求、主要任务、组织保障，成为绿色"一带一路"纲领性文件。

2017 年 5 月，习近平主席在首届"一带一路"国际合作高峰论坛主旨演讲中提出："要践行绿色发展的新理念，倡导绿色、低碳、循环、可持续的生产生活方式，加强生态保护合作，建设生态文明，共同实现 2030 年可持续发展目标。"在论坛的"圆桌峰会联合公报"与"成果清单"中，关于气候变化、生物多样性、自然资源保护、生态保护等绿色发展的内容篇幅颇多，推进绿色"一带一路"也成为相关国家的国际共识。

2018 年 11 月，中国金融学会绿色金融专业委员会与"伦敦金融城绿色金融倡议"在会议期间共同发布了《"一带一路"绿色投资原则》。该原则在现有责任投资倡议基础上，将低碳和可持续发展议题纳入"一带一路"倡议，以提升投资环境和社会风险管理水平，进而推动"一带一路"投资的绿色化。

2019 年 4 月，习近平主席在第二届"一带一路"国际合作高峰论坛上再次强调："我们要坚持开放、绿色、廉洁理念，不搞封闭排他的小圈子，把绿色作为底色，推动绿色基础设施建设、绿色投资、绿色金融，保护好我们赖以生存的共同家园。"把绿色作为"一带一路"建设的底色，是中国提出"一带一路"倡议的初心，也是各国参与"一带一路"建设的共识。

2019 年，"一带一路"绿色发展国际联盟正式启动，以国际化的语言和运作方式，开展对话交流、联合研究、能力建设等活动，吸引了来自 43 个国家的 150 余个中外合作伙伴，得到国际社会的积极响应与广泛支持。2021 年 6 月，29 个国家在"一带一路"亚太区域国际合作高级别会议上共同发起"一带一路"绿色发展伙伴关系倡议，进一步彰显了国际社会对绿色发展理念的认同和支持。

2021 年 11 月 19 日，习近平总书记在北京出席第三次"一带一路"建设座谈会时强调，"推动共建'一带一路'高质量发展不断取得新成效""要稳妥开展健康、绿色、数字、创新等新领域合作，培育合作新增长点"。绿色丝绸之路建设是共建"一带一路"高质量发展的重要内容，也是统筹国内、国际两个大局，展现大国责任担当，推动构建人类命运共同体的有力实践。

2021 年，商务部、生态环境部联合印发《对外投资合作绿色发展工作指引》，提出防范生态环境风险、遵循绿色国际规则、建设绿色基础设施、推动绿色生产和运营等 10 项重点工作，为"一带一路"对外投资合作绿色发展指明了方向。

随着全球环境治理体系日趋成熟，建立环境友好型、资源节约型国家的观念日益深入人心，中国绿色"一带一路"倡议正成为一种全新的、积极的全球环境治理和国际合作模式，它所蕴含的"共享生态文明、促进绿色发展"的内在要求，既是中国对世界各国的庄严承诺，也是促进共建成员国自身可持续健康发展、实现经济全面转型升级的重要契机。中国在"一带一路"建设的实践中，坚持以绿色发展为核心，通过对不同区域资源和环境问题的研究，探讨了促进经济发展和环境保护两大战略目标协调发展、形成良性循环的创新发展模式。积极与"一带一路"共建国家共同应对发展挑战，开展了一系列在全球环境治理、生物多样性保护、气候变化、促进绿色投资和金融等方面的合作。

(二)绿色"一带一路"的内涵

气候变化与生态环境问题已成为国际社会治理的重要议题，同样是影响"一带一路"共建国家经济、社会、安全、稳定和未来发展的关键因素。当世界主要发达国家政策转向、全球治理或产生真空时，中国积极推动绿色、发展、合作的"一带一路"，将使中国在全球发展进程中具有更大的影响力。

绿色"一带一路"注重生态文明理念、经验和实践，涉及经济、政治、文化、社会各个方面，其核心是通过绿色发展形成对"一带一路"高质量发展的支撑、服务、保障作用，即以生态文明、绿色发展等理念为指导，提升政策沟通、设施联通、贸易畅通、资金融通、民心相通的绿色化水平，将生态环保融入"一带一路"建设的各方面和全过程。[①]

1. 绿色"一带一路"是人与自然共生共存的坚实纽带

自第一次工业革命以来，先发展起来的国家高度的工业化

---

① 周国梅：《我们将建设怎样的绿色丝路？——绿色"一带一路"建设的内涵、进展与展望》，载《中国生态文明》，2017 年第 3 期。

和严重的资源消耗，破坏了现有的生态环境，加剧了全球资源短缺。有的还将本国工业产生的废弃物、污染物转移到发展中国家，使人类共有的家园满目疮痍。以牺牲别国绿色生态来实现自我发展，不仅有违国际道义，而且不可能真正实现全球人与自然和谐共生。

党的十八大以来，习近平总书记对于生态文明建设、环境治理提出一系列的新思想，作出一系列的新部署，坚持走生态优先、绿色发展之路，推动形成人与自然和谐共生的新格局，并形成了习近平生态文明思想，为中国的生态环境保护和环境国际合作提供了重要指引。① 绿色发展是以节约资源、保护环境的方式实现经济发展，强调人与自然之间的共生关系。"一带一路"共建地区的生态环境较为脆弱，无法支撑发达国家工业化进程中"先污染后治理"的模式。而且人类对自然造成的破坏，最终会伤害到自己，这是一种不可改变的法则。绿色"一带一路"以可持续发展为目标，着眼于未来，以"人与自然的和谐共存"为核心，利用绿色科技的输出与对外投资，提高相关国家的工业化能力，提高资源利用率和环境承载力，促进经济、环境与社会协调发展，解决工业文明所造成的矛盾，共同保护不可替代的地球家园，共同治愈生态环境的累累伤痕，共同建设和

---

① 中共中央文献研究室编：《习近平关于社会主义生态文明建设论述摘编》，中央文献出版社 2017 年版。

谐宜居的人类家园，让自然生态休养生息，让人人都享有绿水青山。

2. 绿色"一带一路"是人类命运共同体的必要构成

"一带一路"的绿色建设，以开放为指导，不搞地缘政治博弈，不搞封闭排他的"小圈子"，倡导的是求同存异、兼容并蓄，致力于构建多元、文明、和谐的利益共同体，充分体现了开放合作、平等协商、共同发展、互利双赢的发展理念。[①] "一带一路"的绿色发展是一个双赢的合作平台，平台的构建必须与国家的发展战略紧密结合。摒弃彼此竞争与内耗，追求共同和谐与发展，这是"一带一路"建设的基本目标。在企业与绿色工业系统的对接方面，中国采取了强有力的举措，其最终目标是与"一带一路"共建各国共同打造绿色丝绸之路，共享绿色发展成果。这既是国家宏观上促进经济高质量发展的需要，是"一带一路"绿色战略的最深层次内涵，也是当前国际资源环境危机频发、未来总体形势和发展道路面临严峻挑战的关键时期，在某些国家自私自利、以邻为壑的情况下，中国从"天下大同"的角度出发，做出了长远的谋划和积极的探索。中国把绿色发展思想和成功经验融入"一带一路"，把中国的绿色发展机会与其他国家共享，将绿色发展作为纽带，构建和谐共生的人类命运共

---

① 杨达：《绿色"一带一路"推动构建人类命运共同体》，载《丝路百科》，2021年第1期。

同体。

3. 绿色"一带一路"是生态文明建设的现实路径

在全球范围内，绿色发展体系已经形成了一套新的国际体系和规则，对环境污染的限制作用不断增强，呈现一种竞合的态势。"一带一路"以生态文明为核心，符合世界各国发展生态文明的实际需要，尤其是在推进绿色现代化的道路上，为目前既要发展经济又要保护环境的大多数共建国家避免走向"先污染、后治理"的老路，探索可持续和高质量的现代之路提供了有益的启示和借鉴。中国目前所做的"绿色治理"与西方发达国家的"绿色治理"模式有很大的区别。

"一带一路"共建后发国家目前正处在发展和生态转型的转折点。中国通过"一带一路"，为共建国家带来了一条崭新的发展道路，即经济发展和环境保护。这条发展道路，一方面可以把习近平生态文明思想、绿色发展文化、制度体系推广到"一带一路"的广大国家和地区，把绿色、低碳、循环的可持续发展思想贯穿于"一带一路"的各个工程和整个进程，把生态文明的思想深深植根于有关国家和地区的人们的心里，推动绿色文化在有关国家和地区的扎根；同时，在绿色技术和文明思想的引导下，"一带一路"共建各国的传统工业，尤其是基础设施的改造升级，提供了新的动力和思路，同时也是新一代绿色工业高质量发展的基石和孵化器。坚持"一带一路"的绿色发展，继续推进绿色生态合作，将有助于中国和"一带一路"参与国携手走向绿色、生态文明的道路。

4. 绿色"一带一路"是完善全球治理的中国方案

"一带一路"从倡议到实践，从愿景到行动，经过一系列的实际的绿色举措，逐步显示出积极的成效和广阔的前景，并催生了切实的国际合作，开创了我们参与世界经济开放合作的新局面。中国在"一带一路"的绿色发展平台上，向共建国家和地区传播了生态文明的思想，并在全球范围内唤起了更多的国家和地区对绿色治理的认识；在"一带一路"的绿色发展框架下，中国将重点放在环境、社会和公司治理等方面，促进和引导中国企业在全球范围内担负起更多的绿色发展责任，从而促进地方经济的可持续发展；通过绿色"一带一路"，可以吸引不同国家的政府、企业、社团和民众，从中国的绿色治理实践中汲取经验，并为地方的绿色发展寻找新的发展道路；以"一带一路"为契机，推进新型国际关系的建设，促进全球治理的代表性、包容性、开放性和公平性。

习近平总书记指出，共建"一带一路"顺应了全球治理体系变革的内在要求，彰显了同舟共济、权责共担的命运共同体意识，为完善全球治理体系变革提供了新思路、新方案。① 这深

---

① 《习近平出席推进"一带一路"建设工作 5 周年座谈会并发表重要讲话》，央视新闻，2021 年 8 月 27 日。

刻阐明了"一带一路"与全球治理的重要关系，为"一带一路"在人类命运共同体理念指引之下推动完善全球治理指明了方向。"一带一路"更是中国向全世界提供的一种公共产品，它是中国发展的实践经验，本着"共商、共建、共享"的原则，提倡大家的事情都要商量，合作共赢，互惠互利，携手共同渡过难关。

5. 绿色"一带一路"是维护中国大国形象的有力武器

"一带一路"的推行实施，随之而来的是诸多国际社会的负面杂音，包括"中国对发展中国家的基础建设造成了环境污染""中国抢走了发展中国家的能源，致使全球的能源紧缺""中国通过'一带一路'把污染转移给了其他国家"。这些言论带有偏见和恶意，极易引发相关国家的惊惶不安，妨碍中国"一带一路"的发展。在此形势下，我们要坚持"一带一路"的"绿色"理念，坚持"绿色投资"与"绿色发展"的协作，以"绿色发展"建设"世界生态文明"，用实践回应来自世界各地的负面呼声和质疑；而"一带一路"的环保理念与做法，则改变了过去发达国家对世界工业的控制——向发展中国家输出落后产能和污染产能，从而更容易获得周边各国的支持和尊敬，成为推进"一带一路"倡议的重要手段。譬如，中国和包括澜沧江—湄公河流域在内的周边国家在跨界河流保护和利用方面进行了充分政策沟通、技术分享和工程技术合作，与很多国家和地区组织签署了林业合作协议，推动林业产业发展和森林资源保护。中资企业在共建国家开展项目时非常重视环境保护，河北钢铁集团收购塞尔维亚钢铁厂后引入了绿色生产技术，中国铁建集团在塔吉克斯坦修建铁路时对共建进行了绿化，这些举措均表明基础设施建设和环境保护可以兼而有之。[①]

二、现状和成就

"一带一路"相关国家地域辽阔，主要集中于东南亚、南亚、中亚、西亚、中东欧及北非等地区，以发展中国家为主，面临着严重的生态环境和能源可持续利用压力，各国普遍存在着走绿色发展道路的诉求。这为建设绿色低碳循环项目创造了良好的发展空间，也为"一带一路"的绿色发展创造了良好的机遇。本节将先说明"一带一路"相关国家的先天资源禀赋和生态环境现状，再介绍目前中国就推进绿色"一带一路"建设，在共建国家生态保护和环境治理方面获得的显著成就。

(一)"一带一路"相关国家资源环境现状

1. 地表资源

森林被称为"地球之肺"，不仅是宝贵的绿色资源，而且在

---

① 金鑫：《驳斥西方抹黑"一带一路"的几大论调》，载《世界社会主义研究》，2019 年第 7 期。

生态系统中发挥着至关重要的功能。森林覆盖率是指一个国家或地区森林面积占土地总面积的比率，是反映一个国家或地区森林资源的丰富程度和生态质量状况的重要指标之一。"一带一路"共建国家分布于各大洲，自然地理环境基础致使各国的森林覆盖情况差异较大，表 2-1 列出了选取的各洲国家森林覆盖率排序情况，按降序排列，可以反映出各国森林资源丰富程度及整体地表生态基础状况。

表 2-1 "一带一路"共建代表国家森林覆盖率对比（2017—2020）

国家/年份	2017	2018	2019	2020
马来西亚	58.6%	58.4%	58.3%	58.2%
俄罗斯	50.7%	49.7%	49.7%	49.8%
保加利亚	35.5%	35.6%	35.7%	35.8%
波兰	30.8%	30.8%	30.9%	30.9%
土耳其	28.2%	28.4%	28.6%	28.8%
阿尔巴尼亚	28.7%	28.7%	28.7%	28.7%
印度	24.0%	24.0%	24.1%	24.2%
菲律宾	23.7%	23.8%	23.9%	24.1%
中国	22.7%	22.9%	23.1%	23.3%
匈牙利	22.5%	22.5%	22.5%	22.4%
新加坡	22.7%	22.4%	22.2%	21.9%
孟加拉国	14.4%	14.4%	14.4%	14.4%
乌兹别克斯坦	8.19%	8.25%	8.31%	8.37%
吉尔吉斯斯坦	6.57%	6.66%	6.76%	6.85%
以色列	6.46%	6.46%	6.46%	6.46%
巴基斯坦	4.99%	4.94%	4.88%	4.83%

续表

国家/年份	2017	2018	2019	2020
伊拉克	1.90％	1.90％	1.90％	1.90％
哈萨克斯坦	1.24％	1.25％	1.26％	1.27％
沙特阿拉伯	0.45％	0.45％	0.45％	0.45％
埃及	0.04％	0.04％	0.04％	0.04％

数据来源：世界银行 WDI 数据库

排在前列的是马来西亚和俄罗斯。东南亚国家有着繁茂的热带雨林，但是由于东南亚国家人口较多，人均森林面积并不高。人均森林面积最多的是俄罗斯，广阔的西伯利亚土地和繁密的林地覆盖给这个国家的人民带来了富足的林木资源。排在末尾的是沙特阿拉伯和埃及，这两个国家属于西亚、北非地区，土地多为沙漠，森林覆盖率极低。2020 年世界各国森林覆盖率平均水平为 31％，"一带一路"共建国家中仅有少数东南亚和东欧国家高于这一水平，整体上低于世界平均水平，且各地区之间的资源分布极不平衡，差距较大。

2. 陆地与海洋保护区比重

生物多样性是人类赖以生存和发展的基础，是地球生命共同体的血脉和根基，为人类提供了丰富多样的生产生活必需品、健康安全的生态环境和独特别致的景观文化。联合国 2020 年后全球生物多样性框架（GBF）中的 21 个发展目标中提到：到 2030 年，全球近 1/3 的海洋和陆地应得到保护，以阻止物种灭绝，确保人类与自然和谐共处。陆地和海洋保护区的面积占比反映了一个国家对生态环保的重视程度。

如表 2-2 所示，2021 年，"一带一路"共建国家陆海保护区占比均值为 12.32％，稍低于世界均值 14.749％。而经济合作与发展组织（OECD）以及欧盟等以发达国家为主要成员的国际组织的陆海保护区占比要高很多，几乎是"一带一路"共建国家的两倍。这表示发达国家目前更加重视自然资源的保护，这跟国家的经济发展水平息息相关，发达国家的经济发展主要集中在科技、服务业等方面，自然也就有更多的时间和资源去保护自然环境，改善环境，提高人民生活水平。"一带一路"共建国家的经济发展水平普遍较低，从发展模式上看，许多国家的经济发展主要依赖于水、油气、矿产资源的开发，而在开发过程中，生态环境保护不到位，与扩大自然保护区规模相矛盾。要实现人与自然的协调发展，必须在长期的时间里进行经济结构的优化。

表 2-2　2021 年陆地与海洋保护区面积占比（占总领土面积比例）

区域	陆海保护区占比（占领土百分比）
"一带一路"共建国家	12.32
世界	14.749
欧盟	20.12
经济合作与发展组织	20.34

数据来源：世界银行 WDI 数据库

3. 空气质量

空气质量是衡量一个国家发展可持续性的重要指标，刨除数据缺失严重的国家,本节共搜集了 147 个"一带一路"共建国家的数据,其 2021 年的 PM2.5 排放量均值为 20.57 微克每立方米,相比于过去十年,共建国家的空气质量都得到了直接或总体的改善。世界卫生组织(WHO)将 PM2.5 水平划分为几个阶段,包含三个过渡期,划分标准如表 2-3 所示。计有 29 个国家的 PM2.5 年浓度满足世界卫生组织第二阶段标准;19 个国家的 PM2.5 年浓度满足世界卫生组织第一阶段标准;超过半数的国家的 PM2.5 年浓度低于 15 微克每立方米。共有 15 个国家的 PM2.5 年均浓度高于 35 微克每立方米,远远超过世界卫生组织设定的最低标准,空气环境质量较差。如表 2-4 所示,其中中东地区国家占到 50%,中亚和南亚地区国家占到 50%。究其原因,除了这三个地区受限于地理位置空气扩散性较差之外,还与其大力发展重工业有关,反映了这些地区产业结构、能源结构的不合理,要发展可持续经济模式,其工业、能源结构就必须做出对应的调整。

表 2-3 2021 年"一带一路"共建国家 PM2.5 情况

标准阶段	PM2.5 年均值($\mu g/m^3$)	参与国家达标个数
未达标	>35	15
过渡期目标 1	25~35	19
过渡期目标 2	15~25	29
过渡期目标 3	10~15	15
准则值	0~10	9

数据来源:《2021 世界空气质量报告》

表 2-4　2021 年"一带一路"共建国家中未达标国家的 PM2.5 浓度（µg/m³）

中东国家	乍得	75.9	中亚国家	塔吉克斯坦	59.4
	阿曼	53.9		吉尔吉斯斯坦	50.8
	巴林	49.8		乌兹别克斯坦	42.8
	伊拉克	49.7	南亚国家	孟加拉国	76.9
	苏丹	44.1		巴基斯坦	66.8
	卡塔尔	38.2		印度	58.1
	阿富汗	37.5		尼泊尔	46
	阿联酋	36			

数据来源：《2021 世界空气质量报告》

4. 一氧化二氮、碳排放

一氧化二氮俗称"笑气"，自然存在于大气中，但含量甚微。然而，由于农业、化石燃料燃烧、废水处理以及工业生产等人类活动造成的排放，一氧化二氮已经成为仅次于二氧化碳和甲烷的第三大温室气体，按照《京都议定书》的规定，一氧化二氮属于为对抗全球变暖而必须削减的温室气体之一。

世界银行的世界发展指标（World development indicators, WDI）数据显示"一带一路"共建国家在 2020 年的一氧化二氮排放量为 20.4 亿公吨二氧化碳当量，占世界排放总量 68.2%，其中中国、印度、印度尼西亚是最大的三个一氧化二氮排放国（如图 2-1 所示），中国的排放量最大，达到 5.58 亿吨二氧化碳当量，占"一带一路"共建国家排放总量的 27.4%。而土耳其和孟加拉国、乌克兰的排放量则为各国中的末尾，这与其国家的产业结构不无关系。

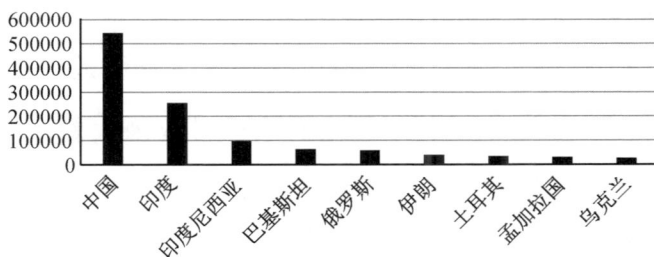

图 2-1　2020 年"一带一路"共建国家的一氧化二氮排放量
（千吨二氧化碳当量）
数据来源：国家温室气体排放数据库（CAIT）

二氧化碳是大气中最重要的温室气体，约占气候变暖效应的 66%，其产生主要是因为化石燃料的燃烧和水泥生产。2020 年，世界气象组织发布的《温室气体公报》显示，二氧化碳的全球平均浓度达到了 413.2ppm 的新高。2019—2020 年，二氧化碳排放量增幅略小于 2018—2019 年，但大于过去十年的平均年增长速度。由于新冠肺炎疫情而采取了限制措施，2020 年化石燃料产生的二氧化碳排放量下降了约 5.6%。来自监测站的数据清楚地表明，2021 年二氧化碳排放量继续上升。

"一带一路"共建国家在全球产业分工中的地位决定了大部分国家以能源、原材料供应为主，产业结构偏重高碳排放型。2020 年"一带一路"共建国家的人均碳排放量为 3.81 吨/人，要低于世界平均水平 4.12 吨/人，而共建国家的碳排放强度均值为 0.44 千克/2010 年美元 GDP，基本与世界平均水平 0.46 千克/2010 年美元 GDP 持平，欧盟和经合组织的碳排放强度则较低，分别为 0.17 千克/2010 年美元 GDP 和 0.23 千克/2010 年美元 GDP。这充分说明"一带一路"共建国家碳排放强度虽然略低于世界平均水平，但各地区之间的碳排放强度差距巨大（如图 2-2 所示），仍有相当一部分国家的碳排放强度较高，总体相对于发达国家也更加依赖于能源消耗，同时反映出其能源利用率较低。

5. 能源利用效率

能源强度经常被用来测量不同国家的能源使用情况。减少能源在制造中的消耗是一个重要的环境策略。国际能源署预计，到 2050 年通过降低能源强度可以完成 31% 的减排目标。此外，能源强度的下降有助于提升能源依赖型行业的竞争力，使其成为政府和生产者"双赢"的目标。最后，经济增长和能源使用的脱钩也有助于提高能源安全。

本文以一次能源的能源强度等级来表达能源的强度，利用世界银行数据库数据，绘制出"一带一路"共建国家的能源强度的时间序列趋势图。[①] 如图 2-3 所示，总体而言，从 2004 年开始共建国家的能源强度整体呈现降低的态势，单位GDP的消耗

---

① 岳立、宋雅琼、江铃峰：《"一带一路"国家能源利用效率评价及其与经济增长脱钩分析》，载《资源科学》，2019 年第 5 期。

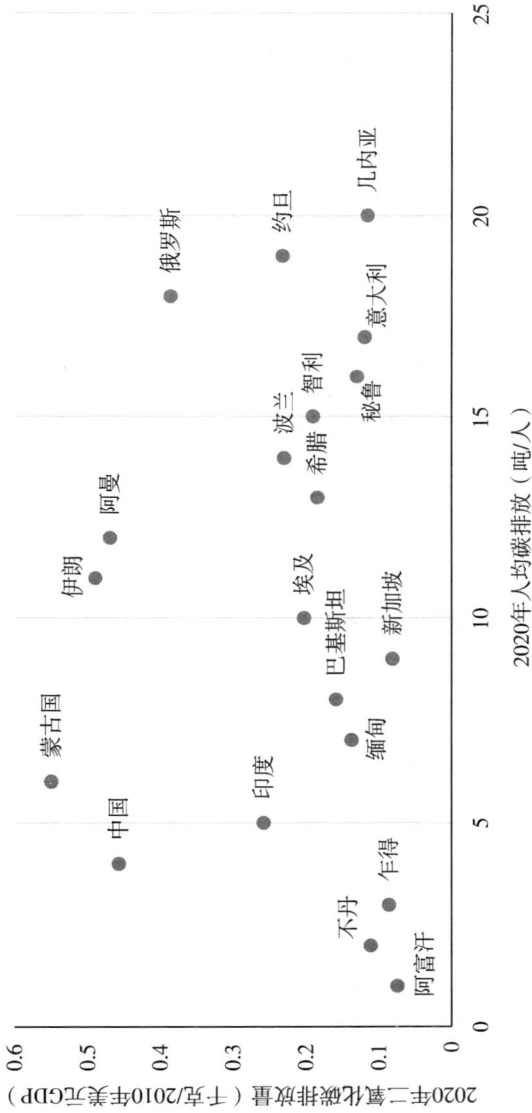

图 2-2 2020 年"一带一路"共建国家的碳排放情况

数据来源：全球碳项目数据库（GCP）

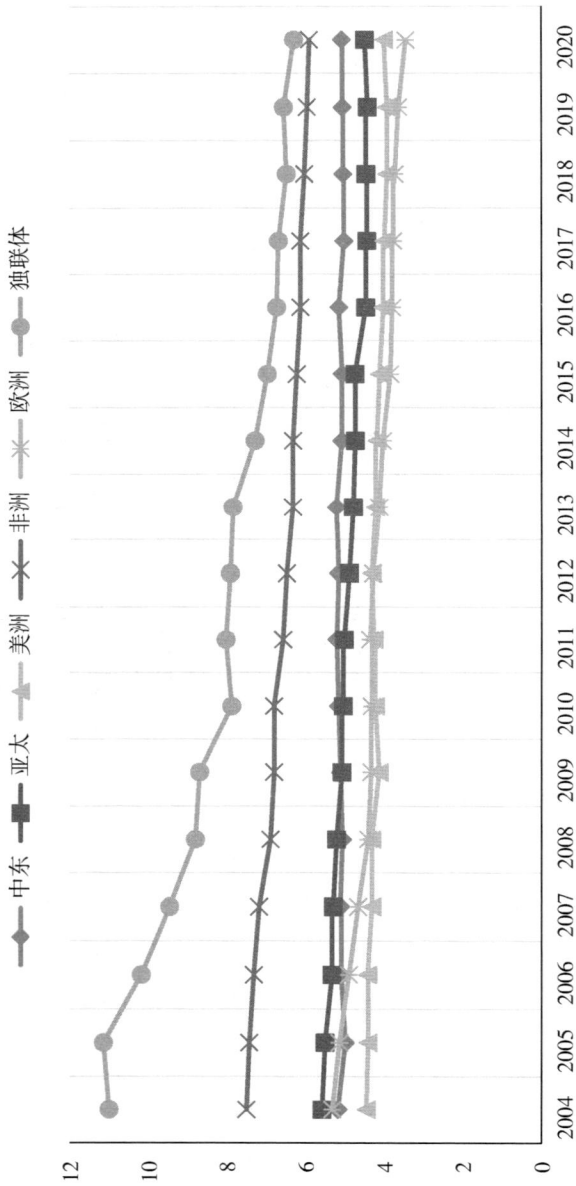

图 2-3　2004—2020"一带一路"共建国家的能源强度水平（MJ/＄2017 PPP GDP）

数据来源：国际能源数据库（IEA）

有所降低，表明其能源使用效率不断提高。在能源强度方面，独联体各国的起步较高，且降幅最大；中东及非洲出现了一系列的波动性增长；欧洲、亚太和中美洲呈缓慢下降趋势。欧洲、亚太、中东以及非洲，四个区域的能源强度逐渐趋向同一水平。

(二)绿色"一带一路"建设成就

1. 全方位、多元化的合作伙伴关系

截至 2022 年 3 月，中国已经同 149 个国家和 32 个国际组织签署 200 余份共建"一带一路"合作文件，在全球多边层面，巩固了与联合国工业发展组织、联合国环境规划署、联合国开发计划署、世界银行、二十国集团、金砖国家等国际组织合作关系，并通过开展联合研究项目、人员交流与培训、环保国际合作与学术交流等形式，广泛开展多边环保合作，构建环境与发展全球合作网络。在现有合作机制框架下，逐步成立澜沧江—湄公河环境合作中心、中国—上海合作组织环境保护合作中心、中国—东盟环境保护合作中心等。在"一带一路"相应的环保合作机制下，平均每年举办 20 余次论坛和研讨会，超过 800 人参加互访交流。这些为全球和共建区域落实可持续发展目标提供了机制保障，同时，为各国、国际组织合作推动生态环境管理，共同保护生态环境，拓展政策沟通对话平台，加强人员和技术的沟通交流提供了合作路径。

在双边环境合作领域，重点推进了与法国、德国、意大利、俄罗斯、蒙古国、新加坡、柬埔寨等国的环境合作，加强生态环境保护和应对气候变化战略对接，共同推动基础设施、国际贸易、金融服务等领域合作的绿色化。中外合作伙伴于2019年第二届"一带一路"国际合作高峰论坛期间，成立"一带一路"绿色发展国际联盟（以下简称"绿色联盟"）。截至目前，绿色联盟已有来自40余个国家的150多家合作伙伴，包括26个共建国家的环境主管部门。通过政策对话、联合研究、知识共享、技术交流和能力建设等活动，促进实现"一带一路"绿色发展国际共识、合作和一致行动。

2. 成果显著的"一带一路"国家绿色发展项目

在基础设施方面，中国加大对"一带一路"共建地区重大基础设施建设项目的生态环保服务，积极与共建国家或地区可持续发展规划相关部门开展对接，以太阳能、风能和水电等可再生能源项目为代表的"一带一路"绿色能源设施建设加速推进。雅万高铁、中老铁路、瓜达尔港等一大批重大项目相继取得积极进展，带动当地实现全面可持续发展，弘扬了全球生态文明理念，拓展了高质量发展与环境保护协同的绿色发展路径。

在践行生态文明理念，保护当地环境与生物多样性方面，绿色联盟发布两期《"一带一路"绿色发展案例报告》，选取了在生物多样性和生态系统保护、清洁能源、清洁水、可持续交通、固废处理、可持续消费和生产、可持续农业、绿色建筑、企业社会责任等方面的二十多个项目案例。这些项目在实施过程中，将中国严格的生态环境保护政策与国际规则相结合，根据所在国实际情况采取了多种因地制宜的环境保护措施，为铁路、公路、建筑等项目建设提供了环保、高效、节能的解决方案。例如：肯尼亚内马铁路一期通过建设长达 6.5 千米的大桥来保护野生动物迁徙廊道；巴基斯坦卡洛特水电站在建设之前就制定《生物多样性管理计划》，聘请鱼类专家开展项目相关河段的鱼类调查，并制定了严格的鱼类保护措施；加纳特码新集装箱码头项目建立了一座"海龟孕育中心"，通过与加纳野生动物保护协会合作，聘请海龟专家进行指导，并组建了海龟保护巡逻队，累计孵化放生小海龟 1 万多只。①

在助推共建国家投资绿色化方面，中国在国际上积极组织对共建国家开展绿色投资，在满足共建国家基础设施发展需要的同时，推进落实全球碳减排进程。2019 年 4 月 25 日，中国与来自法国、德国、日本、哈萨克斯坦、阿联酋、英国等国家和地区的 27 家大型金融机构签署了《"一带一路"绿色投资原则》；截至 2021 年 12 月，已获得来自 15 个国家和地区的 52 家大型机构的正式支持，在"一带一路"绿色发展方面发挥着稳健的作

---

① 《"一带一路"绿色发展案例报告（2020）》，"一带一路"绿色发展国际联盟官网，http://www.brigc.net/zcyj/yjkt/202011/t20201125_102822.html。

用。2019 年，中国与欧盟等经济体共同发起成立可持续金融国际平台(IPSF)，积极利用共建国家绿色投融资合作应对气候变化。

三、风险与挑战

虽然"一带一路"共建国家的绿色建设取得了一定的成果，但由于绿色"一带一路"的倡议起步较晚，相关国家历史基础、资源禀赋、制度环境和发展阶段差异巨大，且面临着生态文明理念、环境保护定位的不同、未健全的合作发展机制以及劣势的国际舆论，中国在推进绿色"一带一路"建设中仍存在着诸多难题。

(一)生态基础差异与不均衡的绿色发展水平

1. 生态基础差异

"一带一路"共建区域十分广阔，总体上位于全球气候变化的敏感地带，生态环境多样而脆弱，共建重点区域生态环境特征差异明显，环境问题复杂多样。在森林资源方面，俄罗斯的森林资源约占"一带一路"共建国家的 50%，西亚、北非和南亚地区的人均森林面积却远远低于世界平均水平。在生态系统方面，根据世界银行发布的全球生物多样性效益指数，东南亚地区生态多样性效益指数较高，西亚、北非和中东欧地区生态多样性效益指数较低。"一带一路"六大经济走廊是世界荒漠化土地集中分布区，包括阿拉伯半岛、伊朗高原、中亚地区、中国西北地区和蒙古高原等，形成了贯穿亚欧大陆的荒漠化带，超过60个共建国家遭受荒漠化和干旱危害。尤其中亚区域是共建"一带一路"的关键区域，也是荒漠化问题最为突出的地区；其中，重度、极重度荒漠化土地主要分布在里海中部沿岸到咸海以东的地区和土库曼斯坦南部。

同时，共建国家也存在着不同程度的水资源短缺、空气污染等生态环境问题。中亚地区地处干旱和半干旱地区，水资源极为短缺，农业、工业、采矿业和城市及农村生活用水污染问题严重，此外还面临大气污染、土地沙化、土壤污染及核污染等环境问题。南亚地区遭受着生活污水、工业排放废水、化学药品和固体废弃物的严重污染。中东地区同样面临水资源短缺、交通和工业发展带来的空气污染问题。世界银行有关统计数据显示，中亚五国水资源消耗强度非常大且水资源利用效率极低，单位GDP（国内生产总值）的水资源消耗量远高于世界平均水平。南亚地区虽然拥有仅次于亚马孙河的河流系统，但是人口众多，人均水资源占有量很少，据联合国粮农组织统计，印度、尼泊尔、斯里兰卡均属于严重缺水国家。蒙古国、埃及、沙特阿拉伯等国家也面临着不同程度的水资源短缺、土地沙化等问题。"一带一路"共建国家和地区总体的空气污染程度低于世界平均水平，但是个别国家和地区的空气质量极差。

2. 不均衡的绿色发展水平

许多共建国家是发展中国家，处于生态脆弱地区，环境准入门槛低，发展需求大于环境保护需求。而绿色"一带一路"的建设，则需要更好的国际和平发展环境，更好的国际交流和对接，而政府、企业、公众等作为"一带一路"的主体，在协调发展的经济性、环境、效益等方面仍有很大的差距。此外，我国中小企业的投资规模虽然不断扩大，但资金、技术、可持续发展的观念较差。并且，"一带一路"共建国家和地区碳排放问题一直受到美、法等国家的猛烈抨击，而"一带一路"的绿色建设也面临着发达国家和区域组织更高的"标准"需求。例如，欧盟《欧洲绿色协议》(*European Green Deal*)提出了诸如2050年碳中和和碳边境税等新的需求，其发布的《全球变局下的欧美关系新议程》建议，欧盟和美国应该加强跨大西洋合作，并就碳税的标准达成一致。中国的环境产业在技术积累和市场份额方面，与欧美等发达国家相比，仍然有很大的差距。

3. 居民认识差距

沿线处于不同经济发展阶段的国家和地区，居民对生态环境需求和认识发展水平存在较大差异，也是影响绿色"一带一路"倡议实施的阻碍。近二十多年来,"一带一路"共建国家和地区保持了快速增长态势,但从总体来看,它们经济发展和生态环境改善面临一系列亟须解决的难题。在支持或加入"一带一路"倡议的148个共建国家中,有一些国家经济发展比较快,经济实力强大,如新加坡、卡塔尔、文莱、以色列等国,人均GDP都超过10 000美元。也有经济实力比较薄弱的国家,如塔吉克斯坦、尼泊尔、阿富汗等国,人均GDP低于1 000美元。共建国居民生存境遇不同,对生态环境保护也存在不同的认识,这也为推动绿色"一带一路"倡议增加了一定的难度。

(二)环境管理制度与合作机制亟须完善

1. 环境管理制度

绿色"一带一路"的发展,离不开项目实践的切实引导,也离不开管理经验的积累。"一带一路"共建国家的发展困难程度不一,总体表现为:潜在问题多,治理难度大,治理能力差。

第一,环境国际标准与相关服务滞后,"一带一路"合作重点的基础设施建设领域环境敏感度相对较高,有关项目开发建设面临相当大的环境风险,而中国的环保标准并未获得世界公认。环保标准与法规的对接标准的落后,制约了中国公司"走出去"。并且,中国企业的"走出去",在很大程度上是适应全球市场对环保要求的需要,并不注重自身的发展,也没有主动参加和带头制定世界标准。①

第二，"一带一路"的外资投入大多是以基建为主，如果不采取相关的环境保护和技术服务，势必会导致大量的水土资源流失，进而使项目开发地的生态环境面临巨大压力，影响工程的整体进度。

第三，对生态和社会的评估不足。亚洲协会政策研究所（ASPI）表示，"一带一路"基础设施建设因缺少对环境与社会的评估而将面临严重考验，"一带一路"绿色项目的执行也存在着一定的疏漏。在现实中，很多东道国对环保标准的落实缺乏有效的监管以及对项目的可行性评估，同时又没有财力去聘请具有评估项目要求、风险、长期影响经验的国际专业人士，对项目前期的环境和社会评估不足，从而导致项目后期出现的问题可能更为严重。另外，还存在东道国环境标准不能被严格执行的情况，使得项目执行面临来自东道国政府和当地社会的双重压力。

第四，环境公共政策和信息公开缺乏足够的透明性。中国相关公司在"一带一路"基础设施项目的实施过程中，与当地利益相关者、地方非政府组织和社区公民之间存在沟通不畅的问题。

---

① 贺秀英：《绿色"一带一路"背景下我国环保产业"走出去"的现状、问题及策略》，载《对外经贸实务》，2020 年第 7 期。

2. 合作机制

绿色"一带一路"建设面临着共建各国经济发展水平、生态环境特征、相关政策制度等方面的不同挑战，从合作机制化水平来看，也存在着不少制约问题。首先，国内环保法律仍缺乏与国际环保规则和标准对接的体系。到目前为止，有关绿色合作发展的法律法规仍在健全和完善，在工程建设中可能忽略了东道国的环境保护法律、环境标准等问题，很容易引发社会舆论和法律纠纷，造成企业损失。所以，加强"一带一路"制度建设、与国际环境标准相适应，是实现"硬联通"的必要保证。其次，就国外环境投资纠纷的解决机制而言，目前的环境保护合作机制仍然存在程序复杂、执行困难、国家主权不完整等问题。中国在这一问题上已经出台了有关"一带一路"的国际纠纷解决方案。就当前而言，我国的环保合作机制虽已建立，但尚处在起步阶段，一旦发生环境污染争端，需要临时建立相应的制度来解决，因而对其效力的怀疑仍然存在。最后，从第三方市场合作的角度来看，环保产业在第三方市场合作领域仍存在合作不充分、不全面的现象。中国、法国于2015年发布了一份关于应对环境问题的共同声明，在应对环境问题条例中就可再生能源、提高能效、灾害预警、防灾减灾等领域在第三国特别是在发展中国家开展合作进行探讨。所以，目前的第三方市场合作方式多为各国政府签订合作文件、政府领导人参加企业合作协议，企业的参与渠道仍需拓宽。①

(三)复杂多变的海外环境保护投资风险

随着经济全球化的深化和"一带一路"建设的不断推进，中国企业的对外投资力度正在持续加大和蓬勃发展。然而"一带一路"中存在的各种投资争端不仅关系到经济发展、政策协调、能源消耗、环境污染等问题，而且还会引发国际争端。"一带一路"共建各国的自然灾害频发，给境外投资增加了不稳定的影响。洪水、干旱、地震、泥石流、滑坡等自然灾害的发生，不但会对"一带一路"的建设进度、工程质量、人员的生命健康产生重大的危害，而且会给工程竣工后的运行、维护带来不利的后果。灾害数据库记录显示，1990—2018 年全球总计发生9694 次自然灾害，而"一带一路"共建地区发生各类自然灾害有5479 次，导致约 1900 万人死亡，造成经济损失约 9500 亿美元，严重威胁域内国家经济发展和投资安全。

同时，中国企业"走出去"的过程中，面临着环境标准、环境管理和环境意识等方面的差异，极易引起所在国政府、民众和国际社会的关注和排斥，处理不好，会影响国家间关系，损

---

① 本刊编辑部：《第三方市场合作：1＋1＋1＞3》，载《国际工程与劳务》，2020 年第 6 期。

害我国的形象。[①] 中国对外投资项目环境事件呈逐年上升趋势，对外投资项目环境管理成为中国可持续发展、绿色化投资的短板。例如，2013 年中石油公司因违反污染物排放标准而被无限期暂停开采。该类案例极大损害了"走出去"的中资企业的海外形象，并引发国际社会对中国对外投资环境影响的负面舆论。

(四)绿色贸易壁垒显著存在

绿色贸易壁垒是一种技术壁垒，在 20 世纪 80 年代末出现，90 年代在世界范围内出现。从本质上讲，是指为了保护人们的身体健康和环境的安全，而对国际贸易活动进行限制或禁止的法律、法规、标准、政策以及相应的行政手段，以防止因贸易活动而造成的环境污染和生态损害，从而达到经济的可持续发展。[②] 从其实际用途来看，绿色贸易壁垒是指在国际贸易中，某些国家以保护生态资源、生物多样性、环境和人类健康为借口，对进口外国货物实行一系列严格的、超出国际承认或大多数国家无法接受的环境法规和标准。

目前，绿色贸易壁垒的措施已经日益普及，其中包括有环保在内的各种绿色贸易措施。绿色贸易壁垒不仅表现在环保法

---

① 李霞：《中国对外投资的环境风险综述与对策建议》，载《中国人口·资源与环境》，2015 年第 7 期。

② 徐慈东：《国际贸易中的环境壁垒问题》，载《合作经济与科技》，2005 年第 6 期。

规和标准上，而且在执行过程中，也会对国外产品的准入造成很大的阻碍。在执行过程中出现的某些纠纷常常会引起长时间的调查和搜集证据，造成大量的额外费用支出和工期的长期拖延；而外贸作为"三驾马车"，则是中国经济发展的重要推动力。然而，"绿色贸易壁垒"却对中国的外贸发展产生了重大的影响，并对中国的外贸出口产生了巨大的冲击。

(五)缺乏良好的国际舆论环境

在当今的国际政治中，环境问题已经成为占比越来越重的利益竞争因素。"一带一路"倡议下，有大量的产能合作项目，如基础设施建设，这些领域具有很高的环境风险，很容易被国外一些媒体和国外势力利用作为攻击"一带一路"建设的突破口。自从"一带一路"倡议实施后，西方传媒就运用了强有力的舆论和话语能力，扭曲了"一带一路"的生态和经济贡献，并对中国"一带一路"建设的高投入、高能耗、高污染产业的问题提出了疑问。会不会将过剩的落后产能转嫁出去？虽然这些问题并没有影响到"一带一路"的国际共识，但也有部分地区的民众对此产生了误解。同时，由于"一带一路"共建国家的地缘政治形势变化错综复杂，一些国家自身对"一带一路"的政策持怀疑态度，一旦涉及相关的投资项目，很容易被夸大，从而被其他国家利用。① "一带一路"建设中存在的环境问题是否得到妥善解决，将直接影响到中资企业在共建各国的投资安全，甚至是绿色"一带一路"的发展。

---

① 张敏：《"一带一路"建设中如何实践绿色发展理念？》，载《区域经济评论》，2017 年第 6 期。

第三章 | 绿色"一带一路"的实证研究

中国提出的"一带一路"倡议已经实施多年，受到了全世界的关注。截至 2022 年 2 月，已有 148 个国家的 32 个国际组织签署"一带一路"双边合作协议。"一带一路"参与地区人口达 49 亿，占全球生产总值的近 41%。2013 年以来，中国先后发布《关于推进绿色"一带一路"的指导意见》和《"一带一路"生态环境保护合作规划》。这些举措有利于实现区域经济绿色转型，也符合联合国 2030 年可持续发展议程。

一些研究调查了"一带一路"沿线国家石油、天然气、水电、土地、矿产和生物多样性等自然资源的空间分布格局，发现参与共建"一带一路"的国家和地区拥有丰富的自然资源储备。然而，资源丰富使得许多地区对资源高度依赖，如传统能源输出国沙特阿拉伯、安哥拉等。事实上参与"一带一路"合作的国家经济构成对能源资源的依赖要高于其他国家，这导致它们可能更容易陷入资源诅咒，不利于长期的经济发展。

近年来，中国在绿色可持续发展方面做了很多努力，积极调整国内能源消费结构，限制煤炭开采利用，鼓励可再生能源开发利用，发展新能源产业，加大环境保护力度。2020 年 9 月，中国国家主席习近平在第 75 届联合国大会一般性辩论上宣布中国的"碳达峰""碳中和"目标。与此同时，在"一带一路"合作框架下，近年来中国对外投资向绿色低碳领域倾斜，助力伙伴国走绿色可持续发展道路。中央财经大学国际绿色金融研究院2021 年 1 月发布的报告显示，2015 年以来，中国对"一带一路"沿线国家的煤炭相关投资呈下降趋势，而对可再生能源的投资（光伏、风电、水电）已超过 50%（到 2021 年占 57%），在光伏领域尤为突出。中国光伏设备已出口到数十个国家，在全球光伏市场占据绝对优势地位。在 2021 年 9 月 21 日第 76 届联合国大会一般性辩论中，国家主席习近平发表视频讲话，宣布中国将加大对其他发展中国家发展绿色低碳能源的支持力度，不在境外新建燃煤发电项目。这些举措表明，中国已逐渐从绿色低碳经济的重要参与者转变为行业引领者。

中国在"一带一路"相关国家增加了大量基础设施投资、加强产能合作和技术援助，此类举措是否创造了更多的非资源经济价值，是否有利于相关国家的绿色低碳发展，这是一个值得探讨的问题。本章拟采用实证分析框架，检验"一带一路"倡议对参与共建"一带一路"国家绿色经济发展的影响、影响路径及其异质性等特征。

一、模型构建

(一)双重差分模型构建

双重差分模型已被证实可以有效检验特定政策措施对社会经济的影响，本章由此构建基于"一带一路"共建国家的面板数据的双重差分模型，评估参与共建国家在签署"一带一路"合作协议后对自身绿色经济发展的影响。

在应用双重差分模型时需要考虑以下三个条件。第一，政策冲击的时机是否随机。由于"一带一路"倡议对所有感兴趣的国家开放，因此无法提前预测任何国家将在何时、在何种情况下，以何种方式进行合作。因此，可以认为该条件成立。第二，伙伴国的选择是随机的，只要其愿意参与，中方就开放协商渠道。第三，符合平行趋势假说。在图 3-1 所示的分析中，建议的实验组和对照组满足平行趋势检验。此外，不同国家签署"一带一路"合作协议的时间不同，受政策影响的时间也不同。因此，为消除合作协议签署时间对模型估计结果的影响，更准确地反映政策效果，本书选取时变双重差分模型来评估"一带一路"倡议对相关国家绿色经济发展的影响。

本书以各国签署"一带一路"合作协议为准自然实验，由于数据可获得性，从 145 个共建"一带一路"国家中选取 130 个为实验组，另选 46 个非共建"一带一路"国家为对照组。构建模型如下：

$$y_{it} = \alpha_0 + \beta_1 TC_{it} \times BRIC_{it} + \beta_2 Control_{it} + v_i + u_i + \varepsilon_{it} \qquad (3\text{-}1)$$

其中 y 为被解释变量，代表一国绿色经济发展程度。本书以碳排放强度来衡量绿色可持续发展的程度，是一个负向指标。下标 i 和下标 t 分别代表国家和时间；变量 TC 是国家虚拟变量，用于区分实验组和对照组。当 i 为共建"一带一路"国家时，TC 为 1；当 i 是未参与"一带一路"的国家时，TC 为 0。变量 $BRIC$ 是签署"一带一路"合作协议时间的虚拟变量。某国在某年签署协议后，当年及以后年份的值为 1，之前年份的值为 0。交互作用项 $TC \times BRIC$ 是考察"一带一路"倡议影响的核心解释变量。当估计系数为负时，表明"一带一路"倡议能够显著降低"一带一路"相关国家经济发展对能源的依赖，促进国家绿色可持续发展；否则就不能显著推动国家绿色可持续发展建设。Control 代表一系列控制变量；α 是截距项；v 代表全国固定效应；u 表示时间固定效应；ε 表示随机扰动项。

（二）中介效应模型构建

本书构建中介效应模型，实证检验"一带一路"倡议对共建国家绿色可持续发展的影响机制。我们将基于等式（3-1）来检验本文的假设，利用产业升级、基础设施竞争力和创新能力构建如下中介模型：

$$M_{it} = \phi_0 + \phi_1 TC_{it} \times BRIC_{it} + \phi_2 Control_{it} + v_i + u_t + \varepsilon_{it} \quad (3\text{-}2)$$

$$y_{it} = \gamma_0 + \gamma_1 TC_{it} \times BRIC_{it} + \gamma_2 M_{it} +$$
$$\beta_3 Control_{it} + v_i + u_i + \varepsilon_{it} \quad (3\text{-}3)$$

其中，M 代表"一带一路"倡议影响"一带一路"共建国家绿色经济发展的功能变量，包括服务业发展程度（SER）、基础设施竞争力（ICI）和创新能力（INV）。中介效应测试分为三个步骤。第一步是检验式（3-1）中的 β_1 系数，即"一带一路"倡议对"一带一路"相关国家绿色经济发展的总体影响。第二步，检验式（3-2）中 φ_1 的系数，即"一带一路"倡议对机制变量的影响。第三步，检验式（3-3）中 γ_1 和 γ_2 的系数。如果 β_1、φ_1 和 γ_2 的系数显著，则中介效应显著。$\varphi_1 \times \gamma_2$ 通过作用机制捕捉"一带一路"倡议对"一带一路"沿线国家绿色经济发展的中介效应，中介效应占总效应的比例为$(\varphi_1 \times \gamma_2 / \beta_1) \times 100\%$。

(三)变量选择和数据来源

表 3-1 显示了所选变量的来源和描述。碳排放强度(单位 GDP 的碳排放量)被选为主要解释变量,即该国经济对能源资源的依赖程度,代表该国绿色经济发展水平。BRIC 和 TC 是两个解释变量。我们的数据样本覆盖了 217 个国家,样本时间跨度为 2006—2019 年。其中包括 143 个共建"一带一路"国家和 74 个其他国家。由于部分数据不可用,本书最终选择了 176 个国家(130 个共建"一带一路"国家和 46 个其他国家)进行分析。对于 TC,与中国签署"一带一路"双边合作协议之年及之前的年份被视为政策前时段,之后的年份被视为政策后时段。这有别于以往研究将时间点固定在 2013 年("一带一路"倡议于 2013 年在哈萨克斯坦首次提出)作为分界线。

协变量的选择需要考虑它们是否对自然资源依赖和可持续发展产生重大影响。因此,根据以往的文献,本书选择了 5 个协变量:1)GDP。环境库兹涅茨曲线(EKC)是揭示经济增长与环境之间关系的有效工具,其说明了大多数环境问题与经济发展相关。2)人口。人口可以影响能源利用量以及碳排放量。3)城镇化。与农村人口相比,虽然城市人口创造了更多的经济价值,但也消耗了更多的资源。4)产业结构。5)能源结构。产业结构和能源结构决定了经济活动对能源资源的依赖程度。调整产业结构和能源结构是实现低碳绿色经济的直接途径。

表 3-1 变量、来源及说明

符号	变量	衡量	来源
被解释变量			
CEI	绿色经济发展水平	碳排放强度(kg/2015 USD)	WDI
解释变量			
BRIC	签署共建"一带一路"双边合作协议	虚拟变量	"一带一路"门户网站
TC	政策时期	虚拟变量	"一带一路"门户网站
中介变量			
ICI	基建水平	基建竞争力指数 0-100	WEF-The Global Competitiveness Report
INV	创新能力	创新能力指数 0-100	WEF-The Global Competitiveness Report
SER	产业升级	服务业增加值(% of GDP)	WDI
协变量			
GDP	收入水平	人均 GDP(2017 不变美元)	WDI
UR	城镇化率	城镇人口占总人口比重	WDI
TPOP	总人口	人口(百万人)	WDI
IND	产业结构	工业增加值占 GDP 比重	WDI
REE	能源结构	可再生能源占总能源比重	WDI

为消除人口规模、人均收入等变量不同维度的影响，本书在回归前进行对数处理。各变量的描述性统计如表 3-2 所示。

表 3-2 变量描述统计

变量	均值	标准差	最小值	最大值	观测样本量
CEI	0.5000	0.4656	0.0000	6.2806	2436
LnTPOP	15.7371	1.9458	10.2886	21.0355	2464
UR	56.3600	22.6484	9.6170	100.0000	2450
REE	33.5913	28.9438	0.0005	97.3332	2243
IND	27.0625	12.5194	3.1502	87.7969	2367
SER	53.62214	11.61814	15.41467	83.41788	2344
ICI	50.65805	20.70399	7.89284	95.70355	1812
INV	40.52655	14.6382	11.27009	87.52204	1817

二、实证结果及分析

（一）平行趋势检验

DID 方法的无偏估计结果的一个前提是满足实验组和对照组之间的平行趋势假设，即在事件发生之前，实验组和对照组应该具有相同的趋势；否则，DID 方法会高估或低估事件发生的影响。为了验证平行趋势假设，本书使用事件研究法。如果平行趋势假设成立，那么"一带一路"倡议的实施对"一带一路"

相关国家绿色可持续经济发展的影响只有在"一带一路"倡议实施之后才会发生。在倡议实施前，共建国与非共建国之间的变化趋势不应存在显著差异。平行趋势假设的检验也可以在一定程度上排除 DID 回归中样本的自选择问题。为了检验平行趋势的假设，构造以下回归模型：

$$CEI = \alpha_0 + \sum_{j=-10}^{4} \beta_j Initiative_{i,\,t+j} + \sum \phi_k Control_{i,\,t} + v_i + u_t + \varepsilon_{i,\,t} \tag{3-4}$$

其中，$Initiative$ 是一个虚拟变量。当一国在 $t+j$ 年参与共建"一带一路"时，该变量取值为 1；否则取值为 0。因此，β_0 为本次倡议实施期的效果，β_{-10} 至 β_{-1} 为倡议实施前 1 至 10 期的效果，β_1 至 β_4 为倡议实施后第 1 至第 4 阶段的影响。本文将"一带一路"倡议实施前的第 10 期作为模型的基准组。如果 β_{-9} 到 β_{-1} 显著为 0，则平行趋势假设成立，β_0 到 β_4 是主动性随时间的动态效应。β_j 系数的大小及其 95％ 置信区间如图 3-1 所示。

（二）主要结果

从图 3-1 可以看出，在平均效应检验中，无论是否加入控制变量，交互项的回归系数均在 1％ 的显著性水平上显著为负，说明参与国对资源消耗和绿色环保的依赖程度，以及产业可持续发展与"一带一路"倡议密切相关。总体而言，"一带一路"倡

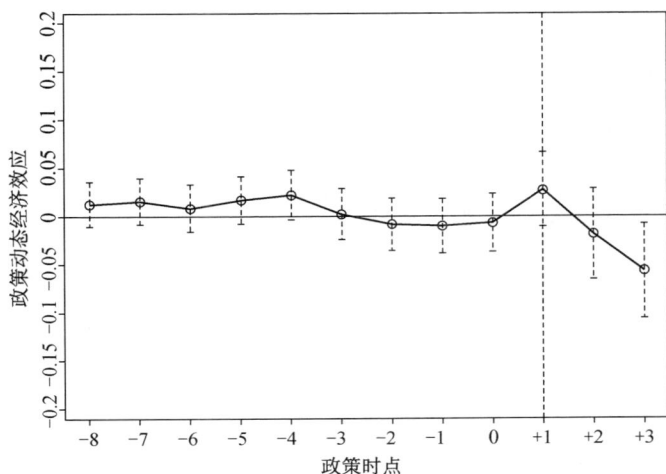

图 3-1　平行趋势假设检验结果

议可以降低共建国的碳排放水平，促进共建国经济向绿色方向发展。主要原因是中国与"一带一路"沿线国家具有巨大的经济互补性。在"一带一路"倡议的推动下，双方通过加强双边贸易往来、产能合作、基础设施建设合作，促进产品、技术、资金等跨境要素的跨境交流，带动参与国产业结构、基础设施竞争力和创新能力的优化升级，助力各行业朝绿色经济转型发展。在动态效果检验中，当增加控制变量时，模型的整体可调拟合优度得到提高。从交互项回归结果来看，"一带一路"倡议的动力效应存在一定波动，呈现倒 U 形趋势。具体而言，随着时间的推移，"一带一路"倡议对相关参与国绿色经济发展的影响由无足轻重到显著影响，再逐渐消退，在 2016 年影响程度达到最大，之后逐渐下降。本书动态效应检验结果表明"一带一路"倡议在促进共建"一带一路"国家绿色可持续经济发展方面存在"滞后"效应。

表 3-3 平均效应和动态效应的回归结果

变量	平均效应		动态效应	
	(1)	(2)	(3)	(4)
Treated* Year	-0.0174^* (-1.92)	-0.0413^{***} (-3.61)		
Treated* Year$_{2014}$			-0.0560^* (-1.73)	-0.0545 (-1.41)
Treated* Year$_{2015}$			-0.0841^{***} (-3.19)	-0.0929^{***} (-3.28)
Treated* Year$_{2016}$			-0.0566^{**} (-2.22)	-0.0676^{***} (-2.60)
Treated* Year$_{2017}$			-0.0339 (-1.59)	-0.0404^* (-1.89)
Treated* Year$_{2018}$			-0.0169 (-1.21)	-0.0244 (-1.54)
LnPOP		0.0206 (0.39)		0.0144 (0.27)
UR		-0.0036^{**} (-2.05)		-0.0039^{**} (-2.20)
REE		-0.0098^{***} (-11.70)		-0.0098^{***} (-11.77)
IND		-0.0011 (-0.66)		-0.0013 (-0.77)
Constant	0.5028^{***} (152.48)	0.7347 (0.88)	0.5036^{***} (147.42)	0.8544 (1.02)
Adjusted R^2	0.8981	0.9348	0.8984	0.9386
fixed effect	YES	YES	YES	YES
Observation	2435	2147	2435	2147

注：括号内是估计系数的标准误差。***、**、*分别表示 1%、5%、10%的统计显著性水平。

此外，从表 3-3 控制变量的回归结果来看，"一带一路"沿线国家的人口规模、人均收入、城市化率和能源结构的改善，都有利于这些国家经济的绿色可持续发展。相比之下，工业比重的提升往往会加大相应国家对能源资源的消耗，不利于"一带一路"沿线国家的绿色经济发展。

(三)稳健性检验

为保证上述实证结果的可信度，采用替代指标、双边缩尾检验、PSM＋DID 检验和安慰剂检验进行稳健性检验。

第一，替代指标。为避免指标选择的随机性导致回归结果的偶然性，本书将衡量共建"一带一路"国家绿色经济发展的负指标——碳排放强度替换为能耗强度，作为替代变量进行估计。指标替换后的估计结果见表 3-4 第(1)栏。交互项的回归系数为－0.0599 且显著，说明回归结果不受指标替换的影响，回归结果具有鲁棒性。

第二，双边缩尾检验。考虑到 176 个样本国家的经济社会发展水平存在一定差异，这种差异可能会导致对"一带一路"倡议实施的过度敏感或过度不敏感，从而可能导致之前的测试结果出现偏差。因此，本书对共建国家碳排放强度进行 10 分位数和 90 分位数双尾处理，并对处理后的样本数据进行 DID 估计。估计结果见表 3-4 第(2)栏，交互项回归系数为－0.0404 且显著，表明"一带一路"倡议可以显著鼓励共建国家减少碳排放水平，提高能源利用效率，促进"一带一路"相关国家的绿色和可持续经济发展。这也印证了之前相关测试结果的稳健性。

第三，PSM＋DID 检验。由于实验组和对照组不是随机划分的，它们具有不同的地理、经济、政治和环境属性，这可能导致 DID 估计中的选择偏差。这种偏差会导致内生性问题，因为解释变量可能与残差项目有关。为减少潜在偏差，采用 Rosenbaum 和 Rubin(1983)[①]提出的倾向得分匹配(PSM)方法将实验组与对照组配对，以减少个体样本差异导致的样本选择偏差，从而影响提出的实施评价结果。本书选取人口规模、人均收入、城镇化率、能源结构、工业化率等 5 个协变量，采用 PSM 方法构建同质性强的数据集。由此，为解决样本选择偏差问题，我们采用 PSM 和 DID 相结合的方法来对"一带一路"倡议关于相关国家绿色经济发展的政策效应进行稳健性检验。使用 PSM＋DID 检验方法的估计结果见表 3-4 第(3)栏。交互项的回归系数为－0.0413 且显著。因此，本书的研究结论仍然是稳健的。

---

① Rosenbaum，Paul R. and Donald B. Rubin, "The central role of the propensity score in observational studies for causal effects,"Biometrika 70.1(1983): 41-55.

表 3-4　稳健性检验结果

变量	替代指标检验 (1)	双边缩尾检验 (2)	PSM＋DID (3)
Treated * Year	−0.0599*** (−5.96)	−0.0404*** (−3.52)	−0.0413*** (−3.59)
Constant	−4.0011*** (−2.70)	0.7067 (0.84)	0.7955 (0.95)
Control variable	YES	YES	YES
Adjusted R^2	0.9786	0.9423	0.9385
fixed effect	YES	YES	YES
Observation	1650	2147	2132

注：括号内为稳健性检验参数估计的标准误。***表示1％水平的统计显著性。

第四，安慰剂检验。安慰剂测试的核心思想是估计虚拟实验组或虚拟政策的时间安排。如果在假想情况下"伪政策虚拟变量"的系数仍然显著，则说明原来的估计结果很可能存在偏差。被解释变量的变化很可能受到其他政策或随机因素的影响。本书的具体方法如下：从 176 个国家中随机抽取 130 个国家，随机设置 2006—2019 年这 130 个国家中的一年作为倡议的实施年份，重复 500 次回归，观察"伪政策虚拟变量"的系数是否显著。

结果显示，估计的系数大多集中在零点附近，而且大部分估计值的 p 值都大于 0.1（在 10％的水平上不显著），这表明估计结果不通过，即不太可能受到其他政策或随机因素的影响，亦表明之前的估计结果是与"一带一路"倡议紧密相关的。

(四)机制分析

从表 3-5 第(1)、第(2)栏可以看出,产业升级通道交互项的回归系数为 0.4982,显著。当被解释变量为共建国家的碳排放强度时,交互项和产业升级通道变量的回归系数分别为－0.0432和－0.0037,均显著。

结合式(3-1)的回归结果可以看出,产业升级渠道的中介作用显著。"一带一路"倡议通过产业升级渠道促进参与国经济绿色可持续发展的中介效应为－0.0018,占总效应的 4.0%。同理,表 3-5 第(3)、第(4)栏显示,基建竞争力通道的中介作用显著,其中"一带一路"倡议通过基础设施促进参与国绿色可持续经济发展的中介效应为－0.0072,占总效应的 22.64%。从表 3-5 第(5)、第(6)栏可以看出,创新能力渠道的中介作用也很显著。"一带一路"倡议通过创新能力渠道促进参与国绿色可持续经济发展的中介效应为－0.0008,占总效应的 2.41%。

(五)异质性分析

基于对"一带一路"共建国家的划分,本书采用式(1)中的DID 方法,实证检验了"一带一路"倡议对不同收入水平和不同地理位置的"一带一路"共建国家绿色可持续经济发展的平均影响。表 3-6 显示了两组分类的分布情况,表 3-7 显示了测试结果。

表3-5 中介效应检验结果

变量	产业升级		基建竞争力		创新能力	
	(1)	(2)	(3)	(4)	(5)	(6)
	Mediating	CEI	Mediating	CEI	Mediating	CEI
Treated * Year	0.4982**	-0.0432***	10.3008***	-0.0246**	0.4864*	-0.0324***
	(2.09)	(-3.72)	(13.94)	(-2.50)	(1.78)	(-2.93)
Mediating		-0.0037***		-0.0007*		-0.0016***
		(-2.87)		(-1.73)		(-3.11)
Constant	5.8091	0.6539	-152.8601***	-0.9616	-170.2029***	-1.1364
	(0.28)	(0.79)	(-2.71)	(-1.14)	(-5.68)	(-1.39)
Adjusted R^2	0.9585	0.9378	0.9167	0.9533	0.9438	0.9532
Mediating effect	-0.0018		-0.0072		-0.0008	
The proportion of mediating effect in total effect	4.00%		22.64%		2.41%	

续表

变量	产业升级		基建竞争力		创新能力	
	(1)	(2)	(3)	(4)	(5)	(6)
	Mediating	CEI	Mediating	CEI	Mediating	CEI
fixed effect	YES	YES	YES	YES	YES	YES
Observation	2127	2127	1613	1613	1617	1617

注：括号内为稳健标准误；***、**、*分别表示1%、5%、10%水平的统计显著性。

表 3-6 **按收入水平和地理划分的组别中国家分布情况**

分类	分类标准	共建"一带一路"国家分布
按收入水平分类	低收入和中低收入	61
	高收入和中高收入	69
按是否为"一带一路"沿线国家分类	沿线国家	56
	非沿线国家	74

表 3-7 **"一带一路"倡议对不同类别相关国家绿色经济的影响差异**

变量	低收入和中低收入	高收入和中高收入	"一带一路"沿线国家	"一带一路"非沿线国家
Treated * Year	-0.0122 (-0.49)	-0.0617^{***} (-7.16)	-0.0728^{***} (-5.41)	-0.0252^{***} (-3.41)
Constant	2.5944^{**} (2.14)	0.9215 (0.57)	0.6332 (0.78)	-0.4549 (-1.00)
Control variable	Yes	Yes	Yes	Yes
Adjusted R^2	0.9247	0.9554	0.9398	0.9664
fixed effect	Yes	Yes	Yes	Yes
Observation	910	1237	2147	1405

注：括号内为稳健标准误；***、**、*分别表示1%、5%、10%水平的统计显著性。

从表 3-7 可以看出，"一带一路"倡议对不同收入水平和地理位置的共建国家绿色和经济发展的平均影响是不同的。与低收入和中低收入国家相比，"一带一路"倡议在促进中高收入和高收入国家绿色经济发展方面的作用更大。"一带一路"倡议对"一带一路"沿线国家与非沿线国家的绿色经济影响的平均效应都显著，对沿线国家的影响程度更大。

三、结论与启示

本书构建了"一带一路"倡议对参与共建"一带一路"国家绿色可持续经济发展影响的机制分析框架，基于 2006—2019 年可获取数据的 130 个共建"一带一路"国家和 46 个其他国家的面板数据，采用双重差分 DID 方法实证检验了"一带一路"倡议对共建国家绿色经济发展的平均效应和动态效应，以及实证结果的有效性，另外还进行了异质性分析和影响机制测试。

主要研究结论如下：一是"一带一路"倡议对共建"一带一路"国家碳排放强度具有显著的负面作用，可以促进相关国家的经济向绿色可持续方向发展。二是"一带一路"倡议在促进"一带一路"共建国家经济绿色发展方面存在滞后性。"一带一路"倡议的动态政策效应呈倒 U 形趋势，促进相关国家绿色经济发展的效应先是逐渐增强，2016 年达到最大值，2017 年后逐渐减弱。三是"一带一路"倡议对不同收入水平、不同地理位置的共建国家绿色可持续经济发展的影响存在异质性。低收入和中低收入国家在绿色经济发展方面的受益程度不如高收入和中高收入国家；共建国家中的"一带一路"沿线国家与非沿线国家在经济绿色发展方面的收益平均效果都显著，而沿线国家收益程度更大。

四是在"一带一路"倡议下，通过促进产业升级、提升基础设施建设竞争力、提升创新能力水平，显著促进了相关国家的经济绿色可持续发展，其中通过完善基础设施建设带来的促进作用最明显。

基于以上研究结论，总结得到如下三点启示，以期为推进绿色"一带一路"建设，促进"一带一路"相关国家绿色可持续发展提供指导借鉴。

第一，扩大绿色"一带一路"覆盖范围，大力推进绿色"一带一路"建设。实证结果显示，"一带一路"倡议有利于降低相关国家碳排放水平，助力"一带一路"国家经济的绿色可持续发展。自"一带一路"倡议提出以来，越来越多的国家参与共建"一带一路"，大力推进绿色"一带一路"建设能够促进这些国家实现绿色可持续发展。我国应加强与相关各国可持续发展目标、计划的协调，促进相关领域生态环保政策与法规的对接，积极探讨制定绿色"一带一路"项目建设与融资的指南、技术标准等，以共同推动基础设施、产品贸易等合作领域的低碳绿色，在与"一带一路"国家构建高标准自由贸易协定时增加绿色投资、绿色贸易和绿色金融等绿色发展条款，使更多的国家加入绿色"一带一路"建设中。

第二，突出"一带一路"倡议中的绿色发展理念，通过产业产能项目合作、基础设施建设、绿色清洁技术研发合作，进一步推动"一带一路"国家的绿色能源、绿色基建、绿色投资和绿色产业链的发展，从而促进"一带一路"国家经济的绿色可持续发展。机制分析结果显示，"一带一路"倡议能显著通过提高"一带一路"国家产业结构水平、增强"一带一路"国家基建竞争力和创新能力而促进"一带一路"国家的绿色可持续发展。为此，可以引导中国企业更多地投资于"一带一路"国家环境友好型产业，通过共建产业园区和利用我国工业绿色化改造经验带动"一带一路"国家进行工业绿色化改造升级和构建工业绿色化标准体系，重点推进绿色投资项目，实现绿色采购、生产和消费的一体化发展，打造惠及"一带一路"区域的绿色产业链，此外加大与"一带一路"国家信息技术产业、高端服务业、金融业等服务行业的合作也是推动"一带一路"国家产业结构向清洁化发展的重要环节；加强绿色技术研发，大力开展与"一带一路"国家的清洁能源技术合作，提高"一带一路"国家能源结构清洁化水平，推动能源消费结构转型，具体而言，我国可以基于自身清洁能源开发和使用经验，进一步加强与"一带一路"国家进行清洁能源资源开发合作、清洁能源利用技术培训合作等；依托亚洲基础设施投资银行和丝路基金提供的平台，加大绿色基础设施的投资力度，通过绿色可持续的"新基建"助力"一带一路"国家经济的绿色可持续发展。

第三，构建"一带一路"绿色发展机制，将绿色发展合作框架纳入其中。在信息公开机制方面，设立丝路环境监测和信息公开平台，实现环境信息和数据的公开、环保政策和实践的共享与交流；在激励约束机制方面，成立"一带一路"环保基金，根据"一带一路"各国污染排放量来确定缴纳基金份额，所得基金可用于援助发展中国家，解决环境污染难题；在监管机制方面，成立"一带一路"绿色发展监管机构，对"一带一路"各国在绿色发展平台的信息披露情况和环保基金的执行情况进行监管。

此外，中国在完善生态环境治理体系、提高绿色技术创新水平、优化产业结构、宣传绿色生活方式等方面取得了不错的成绩。中国和一些具有绿色发展经验的"一带一路"国家可以通过"一带一路"平台分享智慧与成就，供其他绿色发展绩效较低的国家借鉴和参考。

第四章

绿色"一带一路"典型案例

绿色"一带一路"体现在基础设施、贸易、金融等各个领域，本章将选取各领域具有代表性的绿色项目进行案例分析，总结中企在进行"一带一路"项目建设时采取的环保、节能等绿色措施，以及能够推进绿色"一带一路"高质量发展的经验。

一、绿色交通

加快基础设施互联互通是"一带一路"倡议的关键领域，它可以改善交通、通信和生产条件，从而降低贸易成本，吸引资本流入，促进国家经济增长。另外，基础设施的建设可能会对生态环境产生巨大的影响。因此，建设全生命周期生态友好、环境友好的绿色基础设施，对"一带一路"合作国家实现可持续发展、实现联合国 2030 年可持续发展目标具有重要意义。本章节选取典型案例，来分析在"一带一路"合作下绿色基础设施如何在保护良好环境的同时产生深远的经济效益的一些经验。

案例：肯尼亚蒙内铁路与内马铁路一期

(一)项目背景

非洲地区交通基础设施发展比较滞后，严重制约着人民群众生活水平的提高。面对日益一体化的全球经济，地区间对物流速度、交通便捷程度要求越来越高，人们对补齐基础设施投资发展短板的呼声也越来越高。但同时，面对铁路这种长距离、大范围的项目，如何保护非洲独有的自然地理环境和丰富的生物多样性，则是"一带一路"大型基建项目在环境保护上的特殊挑战。

肯尼亚蒙巴萨港是东非最大港口，也是肯尼亚国内陆路运输的交通枢纽，是肯尼亚与周边各大内陆邻国的生命线。在蒙巴萨-内罗毕铁路(以下简称"蒙内铁路")建设之前，肯尼亚有一条连接蒙巴萨港、内罗毕和肯尼亚乌干达边境马拉巴的窄轨距铁路，这是当时东非唯一一条铁路。然而，由于这条窄轨铁路运力有限和老化问题，大部分往返于蒙巴萨港的陆上货物还是不得不依靠公路运输。这不仅给肯尼亚公路系统造成巨大压力，增加了货运成本，阻碍了区域贸易的发展，而且带来了负面的环境和安全挑战。《东非铁路总体规划(2009)》非常重视改善铁路部门和相关的铁路海运服务，认为铁路建设在东非共同体未来发展中发挥着重要作用。

在此背景下，中肯两国在肯尼亚共同启动了蒙巴萨-内罗毕标准轨距铁路项目。而内罗毕-马拉巴铁路作为蒙内铁路的延伸，是肯尼亚2030年远景规划①的旗舰项目，起点位于内罗毕，终点位于肯尼亚与乌干达边境城市马拉巴。项目建成后，将与蒙内铁路和乌干达境内铁路接轨，并逐步与坦桑尼亚、卢旺达、布隆迪、南苏丹等国家的铁路实现联网，构成东非铁路大网络。

(二)项目概况

蒙内铁路起点为蒙巴萨，终点为东非重要交通枢纽和肯尼亚政治、经济、文化中心内罗毕，全长480千米，共设33个车站。线路设计速度为120千米/小时，货运列车设计速度为80千米/小时。在规划时，该铁路项目就计划在未来连接蒙巴

---

① "2030年远景规划"是肯尼亚政府于2008年提出的，围绕政治、经济、社会三个重点领域，旨在于2030年前将肯尼亚建设成为中等收入新兴工业化国家，是指导肯尼亚长期发展的蓝图。

萨和乌干达边境的马拉巴，并继续延伸至乌干达首都坎帕拉和卢旺达的基加利，并在南苏丹的朱巴设立支线。

该项目由中国路桥公司承建，共耗资 38 亿美元，于 2014 年 12 月 12 日正式启动，经过工程建设、人员培训、组织管理等一系列工作，于 2017 年开通。截至 2020 年 7 月，铁路客运量 430 多万人次，货运量 930 多万吨。

内马铁路作为蒙内铁路的延长线，采用与蒙内铁路相同的技术标准和建设管理模式，连接肯尼亚首都内罗毕和与乌干达接壤的马拉巴。内马铁路一期工程连接内罗毕和奈瓦沙，全长 120.4 千米。与蒙内铁路类似，内马铁路设计速度为客运列车 120 千米/小时，货运列车 80 千米/小时。该项目于 2018 年 1 月正式开工，2019 年 10 月竣工，客运和货运服务分别于 2019 年 10 月和 12 月开通。自建成以来，该项目雇用了 2.6 万多名当地工人，约占所有员工的 90%。整个内马铁路的建成，预计将简化跨境运输业务，降低旅行成本，这将进一步促进东非地区的互联互通和一体化，并为肯尼亚和周边国家的经济带来巨大利益。

中国交通建设集团是内马铁路一期工程的承包商，采用设计、施工、采购为一体的 EPC 总承包方式实施，按照中国一级铁路标准，应用了跨越大裂谷等铁路建设关键技术。项目共完成 9 座桥梁，总长 24 千米，以及 4 条总长 8 千米的隧道，其中恩贡隧道是目前东非最长的隧道。

(三)项目绿色可持续发展成效

1. 保护野生动物的生存环境和迁徙通道

为了使野生动物远离铁路，除了在察沃国家公园、基布维茨湿地和内罗毕国家公园部分设置常规围栏和堤防外，整个铁路段都设置了"B 型围栏"。在动物聚集的区域，项目还利用借土后期形成的浅坑蓄水，将借土地区改造为动物饮水区。建设期被严格限制在选定的时间框架内，尽量选择动物活动较低时期或是跳过动物迁移季节。项目还尽可能减少夜间工作，以避免干扰野生动物的生活方式。此外，工程项目部还派出环保督察沿工地巡逻，以保护动物。如发现有动物越过边界进入工地，公园会立即通知警察妥善处理。

为保护公园植被，项目施工过程中，采用分段施工的方式，边施工边复垦，保持土地及植物原貌。为将施工影响减少到最小，在总面积近 120 平方千米的内罗毕国家公园内，项目整个作业面宽度仅为 40 米。

承办方还与肯尼亚野生动物保护局合作，调研铁路沿线野生动物迁徙种类及路径，根据动物习性、河流走向等设置专门野生动物通道，净高均超过 6.5 米，最高的桥有 33 米高，长颈鹿穿过可不低头、不弯腰。蒙内铁路承办方在施工前对位置进行详细评估和仔细挑选后，在铁路建设中总共修建了79座桥梁和140多个涵洞。内马铁路一期采用了长达6.5千米的大桥全程穿越公园方案，最低桥墩7.5米，最高桥墩41.5米。内罗毕国家公园大桥也成为东非铁路最长的单线铁路桥梁。此外，大桥还设置声屏障，降低列车通过时的噪声，最大限度降低对野生动物的影响。

2. 保护施工当地空气质量，保护河流不受污染

为了控制施工过程中的粉尘，铁路项目对施工现场内的道路表面进行了压实，禁止车辆超载行驶，并定期在没有植被的地面上洒水。在储存和运输过程中，对容易产生灰尘的材料进行了仔细的覆盖。在控制工程机械、车辆烟尘颗粒等大气污染方面，采用低硫柴油。对这些机械和车辆进行定期维护，确保它们处于最佳的工作状态，有效地减少废气排放。

此外，项目还采用了环保专项技术，减少轨道对国家公园河流的影响。例如，当铁路穿过奥尔曼耶河时，所有的桥墩都建在河岸上，使河床没有受到影响；将建筑垃圾运出园区后妥善处理，防止污染河流；所有车辆及机械均安装漏油传感器，以减低油对环境的潜在污染风险。内马铁路列车采用车厢密封设计，将厕所污水和废水储存在列车内的污水池中，并根据肯尼亚的环境要求在内罗毕站排放。这保证了当内马铁路提供客运服务时，沿途没有污水排放。

3. 在取土过程中保持土地完好，因地制宜获取原料

铁路项目的建设涉及大量的路基填筑，需要在野生动物保护区肯尼亚察沃公园挖掘至少 22 个借土坑来满足需求。但察沃国家公园地处肯尼亚半干旱地区，土壤湿度低、具有高蒸发量和高渗透性，土壤表面无法保持水分。所以项目部在借土工作结束后会立即进行土地复垦，从而降低土地沙漠化的风险。在借土回填过程中，项目方会将外借场地的表层土分别收集、储存，并作为表层土回收利用。同时，根据借地周围地区的植被分布情况，对周围植物进行修复。项目部在借土期间还采取了降尘措施。洒水车每天定期在人行道及路口洒水，以减少尘埃污染。

砂是配置混凝土的重要原料。铁路项目需要大量河砂。但肯尼亚大部分地区常年干旱，河砂匮乏，河砂开采受到限制。为了不破坏当地生态环境，项目全部采用了机制砂，避免了对当地河流砂石资源的大量开采和影响。

4. 有效保护沿线生态保护区

蒙内铁路需穿越肯尼亚察沃国家公园。考虑到这一点，项目在线路设计上专门与既有的 A129 公路和米轨铁路并行，利用了现有的窄轨铁路交通走廊，以减少保护区生态系统的进一步分割和土地浪费，避免对公园环境造成二次破坏。由于部分路段还经过蒙巴萨红树林湿地公园，承建方中国路桥公司要求专

家和当地林业官员在建设前进行环境影响评估，划定"红线"，采用"多修山路，少砍红树林"的原则，最大限度地减少森林砍伐。因此，中国路桥公司减少了需要砍伐的红树林数量，并提前修建涵洞，以便海水可以像往常一样流入工地灌溉红树林。

5. 促进当地就业和自主发展

蒙内铁路的运营对水泥、钢铁、交通、旅游等行业的发展都产生了积极的影响，降低了通勤成本，提高了列车的客货运力。数据显示，该段的建设为当地创造了 4.6 万个就业岗位，使蒙巴萨至内罗毕的客货运输时间平均缩短了50％，运输成本降低了40％。由于其在就业、工业发展和交通革命方面的突出贡献，蒙内铁路的完成为肯尼亚 GDP 增加了 1.5 个增长点。

内马铁路项目带动了肯尼亚水泥、钢材、运输等行业的发展，中国企业从资金、技术、管理等方面对供应商进行帮助，带动当地产业升级。项目还培养了大批当地技术人员，帮助肯尼亚逐步实现铁路的自主运营。内马铁路一期在建设期间，雇用当地员工超过 2.6 万人，约占全部员工的90％，其中技术工人和管理人员占当地雇员总数的45％。建设方还与当地 400 余家材料供应商以及百余家当地分包商开展合作，为当地间接创造了 2 万多个就业岗位。

(四)项目可借鉴的经验

1. 积极进行技术攻坚来解决原料获取难题，因地制宜提高效率降低碳排放

内马铁路在建设中的一个难题是砂的制取。为了保护当地河流生态环境，项目方不选择直接对河砂进行开采，而是改为使用机制砂。但这要面临的问题是，中国国内生产机制砂技术大多数采用石灰岩作为制砂原料，但内马铁路沿线没有石灰岩，只有火成岩。面对这种情况，中国交建公司组织国内专家开展技术攻关，攻克火成岩机制砂技术，使得火成岩机制砂成功应用于铁路混凝土施工。火成岩机制砂在内马铁路的成功应用，大幅降低了运输成本和能源消耗，降低了碳排放，节约了施工工期，并保护了当地生态环境。

肯尼亚《旗帜报》评论称，内马铁路一期项目施工有效地利用当地火成岩生产机制沙来代替传统河砂，既符合肯尼亚当地实际，又节能环保，值得在肯尼亚基础设施项目中推广。报道指出，肯尼亚裂谷地区火成岩资源丰富，但未得到有效开发利用。内马铁路研发的该项技术为当地开发利用原本闲置的火成岩资源提供了路径。而就地取材火成岩也为裂谷地区铁路、公路、建筑等项目施工提供了环保、高效、节能的用砂解决方案，有利于推动大批项目成本的降低和施工效率的提高。

2. 加强与本地企业的技术合作来降低碳足迹，带动当地企业发展

蒙内和内马铁路这种规模的建设项目面临抗震钢筋的大量使用，然而肯尼亚当地工业无法生产符合标准的抗震钢筋。进口抗震钢筋不仅成本高，碳足迹高，而且订单的生产周期长，这给项目建设带来了困难。为应对这一情况，中国交建与肯尼亚的普莱姆钢铁公司展开了合作。中国交建从国内聘请专家，同时派出实验室的技术人员，与普莱姆钢铁公司的技术团队共同研发，使普莱姆钢铁厂能够稳定地生产符合标准的抗震钢筋。项目解决了抗震钢筋的紧急增补采购问题，降低了采购成本和碳足迹，确保了工期。普莱姆钢铁公司在这个过程中，提升了生产工艺，在市场中赢得了大量的订单。

3. 在项目开工前就将施工环境敏感性纳入设计和规划

从两段铁路的规划和实际施工中可以看出，对于有环境影响的项目，必须在开工前进行必要的环评。在整个施工过程中，承包商和施工人员应充分意识到施工的环境敏感性。在施工期间需要采取严格的措施，以尽量减少对原始生态系统的潜在负面影响，而在这方面，先进技术的应用可能会有所帮助。

由于"一带一路"倡议涉及许多交通基础设施项目，如铁路、公路、桥梁，这些项目将跨越不同的地理景观，具有不同的环境敏感性，蒙内和内马铁路在应对国家计划方面、如何将环境保护纳入这类项目的发展的经验可以作为一个很好的案例。

4. 积极追求平衡经济效益和环境效益的解决方案

事实证明，将铁路项目纳入绿色基建规划，能在提高交通经济效率的同时减少温室气体的排放。由于标准铁轨铁路的温室气体排放量比卡车低，因此铁路项目能有效减少气体排放。蒙内和内马铁路的建成减少了肯尼亚现有公路网的交通流量，因为更高效的铁路线路将减少货运卡车的数量。铁路项目自运行以来，有效地减少了进出肯尼亚各交通港口的集装箱卡车数量，不仅逐渐改善了交通流量，而且减少了馏分消耗和温室气体排放，并缓解了高速公路沿线的空气污染问题。

蒙内和内马高铁充分考虑了铁路建设和运营过程中的环境需求。一方面，蒙内和内马高铁的运营对水泥、钢铁、交通、旅游等行业的发展产生了积极的影响，增加了大量就业，加快了当地 GDP 增长；另一方面，两段铁路项目在建设过程中设法将对环境的负面影响降到最低。肯尼亚并不是非洲唯一一个动植物种类繁多，同时又需要加紧工业化进程的国家。如何处理好经济发展与生态环境保护的关系，一直是许多发展中国家在制定国家发展战略和实施具体项目时面临的重大挑战。在实践中，这两段铁路的建设将中国企业在环保方面的专业知识与非洲国家的当地情况相结合，证明促进经济社会发展和保护环境不是零和博弈。而其他非洲发展中国家可以借鉴中国的经验，在实现经济增长的同时实现绿色发展。

二、绿色能源

面对能源需求的快速增长和应对气候变化的需要，许多"一带一路"合作伙伴国家都在寻找足够的传统化石燃料替代品。利用水电、太阳能等清洁和可再生能源建设绿色能源项目，既能有效减少碳排放，又能为经济社会发展提供可持续能源供应，已成为越来越多伙伴国的选择。然而，值得注意的是，虽然这种能源本身是绿色的，但其发电设施的建设可能仍会对周围环境造成影响。因此，有必要开发全周期绿色能源项目，为当地社区带来足够的清洁和可再生能源，同时最大限度地减少对环境的干扰。本章节所选的案例将分析"一带一路"绿色能源项目在这一领域的努力。

案例：巴基斯坦卡洛特水电站项目

(一)项目背景

巴基斯坦长期以来一直经历着普遍的电力短缺。从 2008 年到 2013 年的几年时间里，电力短缺问题严重，该国国内发电装机容量增幅仅为 16％，日发电量为 950 万千瓦，而电力需求是 1650 万千瓦，缺口高达 700 万千瓦，电力短缺在几年中的增额达 242％，旁遮普省多处每天停电 18—20 小时。近年来，尽管巴基斯坦国内能源供应快速改善，但在 2019 年仍有至少 20％的人口用不上电，首都伊斯兰堡夏季每日停电时间达到 12 小时，许多农村还未接入电网，绝大部分山区每日停电时间高达 20小时。

巴基斯坦国内电力市场供需矛盾较为突出。虽然该国坐拥储量丰富的清洁能源资源，但其开发率较低，70％以上的电力来自化石燃料，包括石油、天然气和煤炭，这不仅给环境造成了更大污染，而且导致了额外的问题。上述化石燃料大部分依赖进口，全球能源市场价格上涨可以轻易推高巴基斯坦电力、商业和民生成本，使得经济和社会的可持续发展受阻。

因此，巴基斯坦有必要发展更多基于可再生能源的国内发电能力，为经济的长期发展获得低成本且可靠的能源供应，将资源优势转化为经济优势，促进经济和社会的可持续发展。

(二)项目概况

卡洛特水电站位于巴基斯坦旁遮普省拉瓦尔品第市卡洛特地区印度河支流杰赫勒姆河，距伊斯兰堡直线距离约 55 千米，是杰赫勒姆河五个梯级电站的第四级，上一级为阿扎德帕坦，下一级为曼格拉。项目工程是单一发电任务的水利枢纽，装设四台单机容量为 180 兆瓦的水轮发电机组，总装机容量为 72 万千瓦。

卡洛特水电站是"一带一路"首个大型水电投资建设项目、"中巴经济走廊"能源合作优先实施项目，是丝路基金2014年年底注册成立后投资的"第一单"，是迄今为止中国公司在海外投资在建的最大绿地水电项目，也是巴基斯坦首个完全使用中国技术和中国标准建设的水电设计项目。

卡洛特水电站项目由中国三峡集团投资建设，目前由卡洛特电力有限公司（KPCL）执行，中国三峡南亚投资（CSAIL）持有主要股份。该项目采用建设—拥有—运营转让（BOOT）方式开发，预计特许经营期约为35年，其中建设期5年，运营期30年。项目建成后先由中方运营维护，在运营期结束后，将无偿转让给当地政府，在最终实现本土化的同时，也为巴方的后续运营留下宝贵的管理经验、人力团队和相关技术。

2015年4月20日，中国国家主席习近平访巴期间，与巴基斯坦国家领导人共同见证卡洛特水电站项目破土动工。2016年12月，项目主体工程全面开工建设。6年多来，项目建设者面临了征地难、沟通难、运输难，防恐、防疫、防洪等诸多挑战，克服了新冠肺炎疫情等困难，先后成功实现了大江截流、厂房封顶、首台机转子吊装、大桥通车和下闸蓄水等一系列重大节点目标。2021年11月20日，导流洞闸门顺利下闸蓄水，为后续发电组有水调试奠定基础，预计全部四台机组将投产发电。

(三)项目绿色可持续发展成效

1. 缓解了当地用电短缺,促进东道国能源结构的优化升级

卡洛特水电站项目已经并将继续为巴基斯坦的可持续发展带来显著的经济、环境和社会效益。卡洛特水电站项目建成后,水库正常蓄水位461米,总库容约1.5亿立方米,具有日调节性能,年利用小时数4452小时,年平均发电约32亿千瓦时,相当于巴基斯坦2017年全国水电发电总量的10%。以巴基斯坦当前电价18美分计算,项目将以每千瓦时7.5美分的价格提供电力。届时,卡洛特水电站将以具有市场竞争力的清洁、可持续的能源供应满足当地500万人的用电需求,有效缓解巴基斯坦电力短缺问题,为巴基斯坦经济和社会发展提供可靠的能源支持。项目投入运营后,预计每年可节约标准煤约140万吨,减少二氧化碳排放350万吨,能够为促进巴基斯坦国家能源结构的优化升级,保护当地生态平衡做出积极贡献,助力实现全球"碳中和"目标。

除发电外,卡洛特水电站项目还有防洪、拦沙、改善下游航运条件和发展库区通航等综合效益,并将带动当地电力配套行业的协调发展和产业升级。

2. 增加政府收入,助力当地就业和人才培养

项目建成后,巴基斯坦旁遮普省政府及巴控克什米尔地区

政府每年均将获得 6.74 亿卢比（约合 648 万美元）的用水费用收益。除能源行业外，卡洛特水电站项目也将带动当地相关工业实现较快发展，熟练工人和非熟练工人的实际工资都将增加，资本回报率提高，土地的租金价格上涨。据估算，项目将增加实际 GDP 1.41 亿美元，带动出口总额增加 6120 万美元。此外，项目还将推动以电力为生产能源的行业，如制造业、纺织业、运输业、通信业和农业。总体而言，由于实际工资的增加，项目将提高旁遮普省和巴控克什米尔地区所有工人的福祉。①

在卡洛特水电站项目施工作业的巴基斯坦工程师和技术工人大多来自水电站所在的旁遮普省和周边省份，除了小部分人具有水电站建设经验之外，大部分工人都是在中国工程师和技术工人手把手的指导下，逐渐掌握了相关技术，而他们也成了中国标准和中国技术最好的践行者和推广者。

卡洛特水电站项目班组共有员工 39 人，其中中方常驻人员 19 名，巴方技术及管理人员 20 名，中方员工的平均年龄为 38.6 岁，其中既有经验丰富的老同志，也有学识渊博的青年人才。项目积极招揽本地优秀人才，整个团队凝聚了移民、技术、财税、人力、社会等各领域的专家，对项目从工程到财务，从设计到建设的各个环节进行全方位审核把关，并着眼长远提出

① Samina Sabir. "Impact of Karot Hydro Power Project on Pakistan Economy", *Strategic Studies*，2021(3).

流域开发方案。

项目公司立足国际规范、本地法规和社会习俗，建立了既具有中国特色，又反映国际先进理念的规章制度。此外，项目公司经常为员工举办各类专题讲座，在为本地创造就业的同时，注重提升员工的综合素质，培养其职业品德。在人才培养方面，项目还辅以教育和扶贫计划，使之能授之以渔，实实在在惠及当地的长远发展。

3. 在项目施工中全程践行了绿色环保理念

1）践行节约理念

节能措施：项目在方案的选择上以合理经济为重要考量，尽量让施工设备的负荷量得到充分使用；在工作次序的设置上做到合理调度，防止机械无效运行；在照明灯具的选择上采用高效光源，使用节能灯具的比率高达 80％；在节能管理架构方面成立了特定部门，能够监管节能的各个环节。[①]

节地措施：项目优先采用优质、储量丰富、开采条件好的人工石料场为料源，以减少剥离量和弃料；优先选用本地材料建造沥青混凝土心墙堆石坝，以减小对土地资源的扰动。项目进水塔的布置与溢洪道开挖边坡相适应，以减小开挖量。项目尽可能利用闲置土地营建，并以自然植被与周边居民区相隔；

---

① 王雪钰：《"一带一路"背景下对国际水电工程绿色施工与节能降耗的研究》，成都，西南交通大学，硕士学位论文，2019。

尽可能利用原有道路，使新建道路与已有的道路相结合、场内交通与地方交通相结合。[①] 项目占地面积有效利用率为 95%，单人使用面积为 2.72 平方米。

节水措施：项目在废水处理上采用了 DH 高效（旋流）污水净化器的处理工艺，运行时无须机械搅拌，占地面积小。项目节水设备配置率达 100%，循环水再利用率达 40.89%。

节材措施：项目安排专人进行材料保管，最大限度减少水泥用量。项目的建材生产遵循就近原则，距现场 300 千米范围内生产的建材用量占总用量的 80%，主要材料和装饰材料的损耗率比定额损耗率低 30% 以上，工地临时材料可重复使用率达到 71.3%，建筑材料包装物回收率达 100%。

2)"个性定制"环保专项规划

巴基斯坦生态环境敏感脆弱，三峡集团作为负责任的企业，采用严苛的国际金融公司（IFC）环境和社会责任框架及相关标准，坚持对卡洛特水电站项目采取高标准环保措施。三峡南亚公司投资约 1.5 亿元用于定制环保专项计划，仅仅在废水处理这一项便采用了世界一流的环保设备和措施。[②] 项目的自然环境管理计划包括以下环境保护措施。

---

① 刘乾坤：《浅析水电施工中存在的问题及绿色施工对策》，载《科技风》，2009 年第 20 期。

② 博鳌亚洲论坛、"一带一路"绿色发展国际联盟：《"一带一路"绿色发展案例研究报告》，博鳌亚洲论坛 2019 年 9 月。

固体废物处理：项目对施工期间产生的生活垃圾采取了分类收集和统一处置的方式，对有回收价值的废弃物实现资源化回收，其余废弃物运送到废渣场，避免资源浪费和二次污染。

噪声控制：项目选用低噪声设备，大大降低了工地噪声。基础阶段昼间噪声≤70dB 的合格率为 95.1%，主体阶段的合格率为 96.6%。施工营地选择消声和隔音性能强的建材，并采用双层玻璃窗，室内噪声基本控制在 55 dB(A)以内。

大气环境保护：项目重视消减和控制粉尘、废弃和扬尘。土石方工程扬尘合格率为 93.6%，结构物扬尘合格率为 94.7%，可回收建筑废弃物回收率达 33.1%，有毒有害废弃物分类率达 100%。

水土保持：项目通过修建拦渣堤（坝）、石挡墙、石截排水沟、工程护坡、种植槽、整地来维护水土；项目覆土 12.31 万立方米，栽植乔木 17062 株，灌木 100595 株，撒播草籽 5760 千克，种植攀缘植物 37601 株。

在水库旁边，项目团队还用了几个月时间开挖了一个巨大的蓄水池，并注满河水，这是为了在下闸蓄水后的 30 多小时内，向下游的河道进行生态补水，以保证下游的生态供水和当地村民的取水，也使河道不产生断流。

3）保护当地生态多样性

项目重视对施工人员进行生态环保宣教，严禁施工人员收购野生动物，进入非施工区域和下河捕捞。项目采用了以下保护陆地和水生生物的措施。

项目施工尽量避让野生动植物栖息地和珍稀、特有动植物集中分布区；合理安排作业方式和时段，避免在野生动物迁徙繁殖期进行高噪声作业；预防和避免火灾，以防破坏植被；抚育和恢复临时占用的灌木丛；异地抚育林地，以补偿因水库蓄水淹没的林地。

项目安排专人负责水质监测、鱼类保护、植被恢复等工作。在下闸蓄水的过程中，有大概一天半的时间水位会下降，导致鱼类受到一定影响。项目团队找到当地鱼类专家，对水域进行了全面检查，在水位下降过程中，第一时间对围堰内的鱼类进行捞捕、暂时饲养同时及时放生；在蓄水的最初阶段，安排人员巡查，对搁浅的鱼类及时采取救护措施，同时保证按要求下泄生态基流。

项目团队还开展专项监测活动，以掌握和应对水电站的运行可能给鸟类带来的影响。

4）以人为本树立环保意识

项目积极立足当地环保法律章程，关注施工现场人员、周围人群和社会环境，着力把施工活动的负面影响降到最低。

项目团队以"无事故、无害于员工健康、无损于环境"为目标，在前期制定了 19 个社会环境管理计划，颁布了一系列规章制度，例如，《节能减排领导小组工作办法》《安全生产考核办法》《环境保护监督办法》等，为绿色施工以及节能降耗管理提供了制度保障。项目还以多种形式开展绿色宣讲，致力于提高员工的绿色意识，提升绿色施工管理水平。

4. 推动了当地社区的可持续发展

1）移民搬迁

卡洛特水电站项目征地移民工作自 2013 年年底启动，经过近三年的努力，移民搬迁工作全部完成。在搬迁过程中，三峡集团除了提供合理的货币补助外，还在尊重当地传统习俗的基础上，协助移民迁移，减小搬迁带来的不利影响，获得了移民的信任和尊重，建立了深厚的友谊。在此基础上，团队为项目所在地所有 16 岁以上的受影响移民免费提供理财知识培训，确保他们能更好地使用移民补偿款改善生活。

2）属地化经营

卡洛特水电站项目大力倡导属地化经营，提升当地人民的素质和技能，增强当地社区发展动能。卡洛特水电站项目建设团队中，一半以上为巴基斯坦当地员工，在项目施工高峰时段，能够为当地提供近 2300 个就业岗位。这一方面为当地提供了充分的就业机会，另一方面为巴基斯坦培养了一批具有专业知识和实践经验的水电人才生力军。

(四)项目可借鉴的经验

1. 为中国标准"走出去"做好各项准备

在卡洛特水电站项目之前，巴基斯坦水电项目一直严格使用西方标准为主导的国际技术规范。卡洛特水电站是首个完全使用中国技术和中国标准建设的水电投资项目，整合了多方资源，牵头中国大型水电产业全产业链走出去。项目的所有设备均为国产，带动了29家国有企业超过3亿美元的中国机电设备出口，助力中国企业扩展海外市场，提高品牌辨识度。

为了使项目更加规范，三峡南亚投资有限公司专门聘请了以澳大利亚雪山工程咨询公司为牵头方的联营体为业主工程师，代表业主对项目的图纸和施工方案进行审核。外籍工程师及管理人员惯于参照其所在国标准或国际标准，对于中国标准感到陌生、难以信任，沟通方面也存在困难。

项目公司组织专业人员，为中国标准提供了大量计算、数据、解释和翻译，用国际化的标准和理念解释中西标准的异同，让数据和案例说话，并频繁进行会议沟通，组织培训，带领西方工程师参观国内项目和成功案例，项目最终采用中国技术规范主导的施工设计方案。项目公司通过合同、协议等方式进一步明确标准，在实际作业过程中对每一条异议做好充分的交流和答疑。随着中国标准优势的呈现，业主工程师对其愈加熟悉和认可，在推广中国标准的使用方面取得了很好的效果。

2. 遵守国际环境和社会标准为项目融资

卡洛特水电站项目总投资 17.4 亿美元。为科学有序开发建设巴基斯坦清洁能源项目，三峡集团于 2011 年注册成立三峡南亚投资有限公司。三峡南亚投资有限公司积极引进国际金融公司(IFC)和丝路基金参股，成立专门的巴基斯坦和南亚地区业务投资平台，致力成为世界领先、巴基斯坦最大的国际清洁能源集团。

一般情况下，水电站项目只需要与政府签署一份特许经营协议、一份用水协议，再与购电方签署一份购电协议。但由于卡洛特水电站的地理位置十分特殊，其所在的吉拉姆河是旁遮普省和巴控克什米尔地区的界河，大坝和库区一侧位于巴控克什米尔地区。因此，项目需要分别和联邦政府及巴控克什米尔政府签署特需经营协议和两个用水协议，并与购电方签署购电协议，大大增加了谈判难度。

针对上述挑战，项目公司展开了多轮艰辛的磋商和谈判，努力协调政府和各个利益攸关方的关切，终于在 2016 年将各项协议签署完毕。其中，最重要的项目购电协议涉及电力输送、电费回收和投资收益，是巴基斯坦迄今为止签署的装机容量最大的私营电力水电项目购电协议。

项目采用了国际上通行的"有限追索项目融资"模式，

2017 年 2 月 22 日，经过艰苦努力，项目在三年半的时间内正式实现融资关闭，创造了巴基斯坦水电行业融资关闭的最快纪录。项目资金 20％来自中国三峡南亚投资公司，80％来自中国进出口银行、国家开发银行、丝路基金和世界银行投资机构国际金融公司（IFC）的银团贷款。

2018 年 3 月，卡洛特水电站荣获全球能源基础设施领域权威机构 IJ Global 颁发的 2017 年度亚太地区水电项目最佳融资奖。项目的整个融资过程为"一带一路"其他项目树立了优良示范，积累了宝贵经验。

3. 制定可持续的项目开发方案

卡洛特水电站项目的绿色工程体系充分融合了 IFC 国际绩效标准、中国管理标准、巴基斯坦当地法律法规和项目相关合同，走出了一条创新的"三标一体化"工程规划和管理之路。在开工前，项目公司聘请专业环评公司依据上述标准对项目进行社会与环境影响评价，并编制了环评报告（ESIA）。该报告分别通过了项目公司、IFC 以及当地环保部的审批。项目参建各方据此制订详细的社会环境管理计划（ESMP），建立了一套将职业健康与安全管理、社会管理和环境管理融为一体的 HSE 管理体系，设立了以项目公司为主，包括 EPC 总承包商和业主工程师的组织机构，各方均配备有安全工程师、环境工程师、社会专家等专职管理人员。该 HSE 管理体系涵盖详尽的节能环保措施，包括节能、节水、节地、节材的施工技术和方案，固体废物处理、噪声控制、大气环境保护、水土保持等环保措施，以及避让林地和稀有动植物分布区、水质检测、鱼类保护、植被恢复等维护生态多样性举措。

4. 积极促进社区关系

卡洛特水电站项目的顺利推进离不开当地民众的大力支持。项目公司积极践行"建设一个电站、带动一方经济、改善一片环境、造福一批移民"的水电开发理念，用心建立和维护与地方政府和周边社区的关系。重视遵守项目所在社区的适用法规。项目公司和 EPC 总承包商在两个项目相关行政区各自配置了社区联络员。此外，EPC 总承包商按照 IFC 的要求，以 1∶50 的比例配置了约 80 名的 HSE 管理人员。项目团队通过这些人员积极对接政府部门和社区的要求，制订精准的方案和计划。

此外，卡洛特项目积极开展教育扶贫，联合巴基斯坦旁遮普大学、孔子学院、江西理工大学，共同实施巴基斯坦移民奖学金计划。通过校企、校校合作，参考"精准扶贫"模式，给符合条件的卡洛特水电站移民家庭的适龄青年提供全额奖学金，资助他们完成为期 4 年的电气工程专业大学本科教育，取得相应的学历学位，并在未来提供长期稳定的工作机会。

在开发卡洛特项目的进程中，三峡集团在运营管理方式上坚持与当地法律法规、风俗民情相适应，妥善做好移民安置、社区发展等当地政府和民众关切的问题，投资超过 600 万美元用于社会责任实施项目，包括改善当地教育和医疗设施条件，维修公共供水系统和道路，修建公共图书馆和休息室，等等，为当地社区建设学校、医院、道路等 20 多个公益项目，让受工程影响的居民享受到更多由工程建设带来的直接效益，积极履行企业社会责任，展现长期发展的诚意。

卡纳达学校是卡洛特水电站周边唯一的学校，过去，其简陋的教学设施和条件远不能满足当地学生的学习需求。在项目团队不懈努力下，2018 年 4 月，卡纳达学校扩建项目完工移交，为当地学生创造了良好的学习环境。

三、绿色金融

资本市场在"一带一路"项目融资中发挥着至关重要的作用。随着"一带一路"沿线国家绿色发展需求的不断增长，越来越多的金融机构将绿色金融作为"一带一路"框架下符合条件的绿色项目投资的有效渠道。绿色金融包括为环境产品和服务领域的公共和私人绿色投资提供资金，为鼓励实施减轻或适应环境损害的项目和倡议的公共政策提供资金，金融体系中专门处理绿色投资的部分，如绿色投资原则和绿色债券。以下案例将介绍相关金融机构在"一带一路"合作下开展绿色金融的良好实践。

案例一 中国工商银行发行"一带一路"银行间常态化机制绿色债券

(一)项目背景

2017年5月,在首届"一带一路"国际合作高峰论坛期间,中国工商银行倡议并牵头建立了"一带一路"银行间常态化合作机制(BRBR)。截至2020年11月16日,该机制已涉及61个国家和地区的110多家金融机构,为全球金融同行分享信息、讨论政策、推荐项目、开展共建"一带一路"合作提供了重要平台。在世界各地BRBR会员的支持下,工商银行通过其海外分支机构发行绿色债券,支持符合条件的绿色"一带一路"项目。

(二)项目概况

2019年4月16日,中国工商银行新加坡分行发行全球首只"一带一路"银行间绿色定期合作债券,为"一带一路"沿线包括可再生能源、低碳低排放交通、"一带一路"沿线"符合条件的绿色资产"提供融资或再融资。[①]

据中国工商银行官员介绍,此次发行的债券符合国际和国

① 《中国工商银行2020年绿色金融债券第三方评估意见》,2020年11月16日。

内绿色债券指导方针，由来自"一带一路"沿线十多个国家和地区的 22 家机构承销，其中 80％是"一带一路"的成员机构。该债券在新加坡证券交易所上市，最终发行价值 22 亿美元，分三期发行，其中离岸人民币 10 亿元，非银行投资者占 33％，市场认知度较高；15 亿美元的半年期债券，规模和定价合理；5 亿欧元债券，也是 2019 年新加坡单一金融机构发行的最大欧元债券。[①] 此外，此次 BRBR 绿色债券的发行还吸引了各国央行和主权财富基金投资者，占美元债券投资者的 48％，占欧元债券投资者的 40％。

(三)项目绿色可持续发展成效

1. 获得国际绿色债券原则认可

绿色 BRBR 债券和发行绿色 BRBR 债券所依据的中国工商银行绿色债券框架，均符合国际资本市场协会(ICMA)《绿色债券原则(2018 年更新)》的标准。该债券的收益被发现专门用于资助或再资助符合国际气候机构和第三方评估的绿色项目。BRBR 债券和工行的绿色债券框架都获得了奥斯陆国际气候研究中心(CICERO)颁发的"深绿色"阴影奖。

---

① 《工商银行新加坡分行发行绿色"一带一路"银行合作债》，新华社，2020 年 5 月 3 日。

2. 为绿色项目筹集破纪录的资金

BRBR 绿色债券是新加坡迄今为止发行的规模最大的绿色债券。该债券累计 22 亿美元，用于巴基斯坦、埃及及国内多个地区 15 个符合条件的绿色项目（见表 4-1），其中可再生能源 9 个项目拨款 6.69 亿美元，节水 2 个项目拨款 4200 万美元。

表 4-1　BRBR 绿色债券 2019 年募集资金分配情况（按地区）①

分布国家和地区		项目个数	项目金额（亿美元）	募集资金分配金额（亿美元）
境外	巴基斯坦	1	0.70	0.70
	埃及	1	0.27	0.27
境内	华东地区	3	5.90	5.38
	华南地区	1	6.72	5.66
	华中地区	2	1.66	1.66
	西南地区	2	2.30	2.30
	西北地区	5	6.93	6.03
		15	24.48	22.00

与中国工商银行 2017 年和 2018 年发行的绿色债券相比，绿色 BRBR 债券筹集的资金和用于支持绿色项目的资金均创下了历史新高（见表 4-2）。

---

① 《2019 中国工商银行股份有限公司年度绿色债券报告》，http://v.icbc.com.cn/userfiles/Resources/ICBCLTD/download/2020/2019lvsendbg20201116.pdf

表 4-2　2017—2019 年中国工商银行全部绿色债券募集资金使用情况①

发行机构	发行年份	募集资金（亿美元）	已使用的募集资金（亿美元）	闲置资金（亿美元）
卢森堡分行	2017	21.5	21.5	0
伦敦分行	2018	16	16	0
工行亚洲	2018	7.3	7.3	0
新加坡分行（BRBR 绿色债券）	2019	22	22	0

3. 建立了科学的绿色项目评估和选择程序

符合条件的绿色资产将首先由中国工商银行的业务网络确定并提出，包括中国工商银行的国内外分支机构和子公司。然后，由中国工商银行总行绿色债券工作小组对其是否符合《工商银行绿色债券框架》进行审查。在绿色债券工作组中，具有环保经验和知识的专家对选择项目的最终决定享有否决权。被任何专家认为不合格的资产将被排除在合格绿色资产清单之外。

绿色债券工作小组将每年审查合格绿色资产清单的收益分配，并确定是否有必要进行任何更改（例如，一个项目是否已摊销、预付、出售或以其他方式不符合资格），并便于进行报告。绿色债券工作小组将决定符合条件的绿色资产清单是否需要更新（例如，更换、删除或增加资产），以保持资金使用的资格。

① 《2019 中国工商银行股份有限公司年度绿色债券报告》，http://v.icbc.com.cn/userfiles/Resources/ICBCLTD/download/2020/2019lvsendbg20201116.pdf

(四)项目影响

根据《中国工商银行 2020 年绿色债券年度报告》，绿色 BRBR 债券通过资助 9 个可再生能源发电项目，累计装机容量 2111 兆瓦，促进减少了 635 万吨二氧化碳排放。新增供水 45 万立方米，新增污水处理能力 3564.07 万立方米。绿色债券的影响遍及亚洲和非洲(见表 4-3)。

**表 4-3　BRBR 绿色债券 2020 年募集资金分配情况
(按绿色资产项目类别)①**

项目类别		项目个数	项目金额 (亿美元)	募集资金 分配金额 (亿美元)	绿色债券募集 资金占项目 金额比重(%)
可再生 能源	风力发电	6	4.63	4.63	100.00
	太阳能发电	3	2.06	2.06	100.00
低碳及 低排放 交通	铁路运输	4	17.37	14.89	85.72
可持续 的水资 源管理	城市节水	2	0.42	0.42	100
		15	24.48	22.00	89.87

截至 2020 年年末，工商银行存续境外绿色债券募集资金所支持的绿色资产年碳减排总量为 26122395 吨，年增加水量供应 450000 立方米，年污水处理量 35640700 立方米。其中，可再生

① 《中国工商银行股份有限公司 2020 年度绿色债券报告》，http://v.icbc.com.cn/userfiles/Resources/ICBCLTD/download/2020/2019lvsendbg20201116.pdf

能源项目年碳减排总量为 9610541 吨，低碳及低排放交通项目年碳减排总量 16511854 吨；可持续的水资源管理项目年增加水量供应 450000 立方米，年污水处理量 35640700 立方米。其中，BRBR 绿色债券支持的 290W 单晶硅光伏太阳能发电模块年均工作时间达到 1171 小时。投资建设综合水处理项目，每日新增供水能力和污水处理能力 13 万吨、12.66 万吨，每日新增污水处理能力和污泥处理能力 5 万吨、100 吨。

(五) 项目可借鉴的经验

BRBR 绿色债券的案例表明，金融机构可以率先为 "一带一路" 绿色项目提供直接融资支持。为今后在这一领域的努力提供一些经验。首先，需要采用一套普遍接受的绿色债券标准，如国际资本市场协会 2018 年更新的《绿色债券原则》，可以提供可靠的指导，确保债券在全球范围内得到认可。其次，在债券发行过程中，国际合作是必不可少的。来自 "一带一路" 沿线十多个国家和地区的 22 家机构的承销，为该债券破纪录的融资奠定了坚实基础。最后，需要有环境经验和知识的专家来监测、审查和更新收益的分配，使其符合商定的绿色原则。在中国工商银行总行设立专门的绿色债券工作组，并赋予工作组专家否决权，是值得借鉴的良好做法。

案例二 中财—国政绿色债券指数系列的发布

(一)项目背景

中国绿色债券市场自 2015 年 12 月推出以来迅速扩张,并在一年内居世界首位,占到 2017 年绿色债券发行总量的 40%。为支持国内绿色债券市场的蓬勃发展,中国于 2016 年发布了《关于建立绿色金融体系的指导意见》,其中强调了建立和完善统一的绿色债券规章制度,降低绿色债券融资成本的重要性。2017 年 3 月,中国进一步发布了绿色债券指引,鼓励上海证券交易所和深圳证券交易所建立绿色债券名单,发展绿色债券指数,进一步推动中国绿色债券市场的发展。此外,中国还在推动全球绿色债券发行与审核的国际合作方面发挥了带头作用,促成了中国和卢森堡两国金融机构共同推出中财—国政绿色债券指数系列(CUFE-CNI)。

(二)项目概况

2017 年 3 月 24 日,深圳证券交易所与卢森堡证券交易所联合推出 CUFE-CNI 高级别绿色债券指数系列,其中首个中国绿色债券指数在中国与欧洲之间同步报价。CUFE-CNI 绿色债券指数系列由深圳证券信息有限公司(SSI)与中央财经大学国际绿色金融研究所(IIGF)合作开发。该公司跟踪有标签和无标签的中国绿色债券的表现，用于为环保项目融资分析。

(三)项目绿色可持续发展成效

1. 为欧洲投资者提供更大投资便利

CUFE-CNI 高级别绿色债券指数系列由三个不同的指数组成(如表 4-4 所示)，反映了在深、沪银行间市场和股票市场发行和结算的绿色债券价值。这些指数是 CUFE-CNI 高级绿色债券指数、CUFE-CNI 高级无标签绿色债券指数和 CUFE-CNI 高评级绿色债券指数，旨在为欧洲投资者提供更大的透明度，并便于他们获取绿色债券信息。

表 4-4　CUFE-CNI 指数系列

指数类别	说明
CUFE-CNI 高级绿色债券指数	由 CUFE-CNI 高等级无标绿色债券指数和 CUFE-CNI 高等级有标绿色债券指数组成的综合总回报指数
CUFE-CNI 高级无标签绿色债券指数	代表自 2007 年以来在深圳和上海银行间市场和股票市场上市的无标签绿色证券的总回报指数
CUFE-CNI 高评级绿色债券指数	代表 2016 年以来在深圳和上海银行间市场和股票市场上市的绿色证券的总回报指数

2. 展示中国绿色债券的表现

CUFE-CNI 绿色债券指数系列旨在代表中国绿色债券的表现，这些债券的收益专门用于为环保项目融资。新推出的指数系列中所有证券均按照《中国金融学会绿色金融专业委员会 2015 年绿色债券认可项目目录》发行，认定以下六大环保行业符合绿色债券融资条件：节能；污染防治；节约资源和循环利用；清洁运输；清洁能源；生态保护和气候变化适应。如果债券的用途不符合目录规定，债券的收益用于一般商业目的，且发行人的收入中至少有 90% 来自环保部门，则该债券将不被评估为绿色债券。这有助于向海外投资者更清晰地展示中国绿色债券的情况，并保证他们的投资将流向该指数下的环境部门。

3. 作为认证机构监察环境标准

CUFE-CNI 绿色债券指数系列在构建该指数时，要求基金的使用必须与绿色投资挂钩。SSI 明确表示，债券必须符合人民币计价标准，被 IIGF 认定为"绿色债券"，在交易所或银行间债券市场发行结算。因此，它将特定的债券确定为绿色债券，并允许投资者投资于绿色债券的投资组合，绿色债券指数提供商有效地充当了监测环境标准的认证机构。

此外，在选择规则方面，符合这些规则的债券均可纳入 CUFE-CNI 绿色债券指数，这使得绿色债券具有广泛的市场代表性、较高的投资价值和安全价值。

(四)项目可借鉴的经验

1. 发布类似绿色债券指数来搭建中国与世界绿色债券市场的桥梁

CUFE-CNI 绿色债券指数系列的推出架起了中国与世界绿

色债券市场的桥梁，为国际投资者提供更透明、及时、准确的中国绿色债券市场信息。绿色债券的快速发展对绿色债券市场的信息披露提出了越来越高的要求。然而，与国际市场相比，我国绿色债券在信息披露机制上存在一定的差距。中国通过推出 CUFE-CNI 绿色债券指数系列，向国际披露中国绿色债券市场的各个维度和趋势，从而让海外投资者在投资基准和投资机会方面获得更多信息。CUFE-CNI 绿色债券指数系列同时显示中国和欧洲这两个全球最大的绿色债券市场的报价，将有效地连接这两个市场，吸引更多的国际投资进入中国的绿色债券市场。

2. 未来需发展更多绿色金融产品为"一带一路"融资提供便利

"一带一路"的绿色发展需要对绿色基础设施进行投资，这为绿色债券作为融资工具提供了巨大机遇。在 CUFE-CNI 绿色债券指数系列的帮助下，中国这个目前世界上最大的绿色债券市场，将接受更多的国际投资者，进一步加快发展，以发挥更大的作用，满足未来大型绿色基础设施项目的融资需求。

第五章 | 国际社会对绿色"一带一路"的
反应

一、国际社会对绿色"一带一路"的
呼吁

　　"一带一路"倡议被许多人称为史上最大
的基础设施项目，影响了全球约 60％的人口。
在推动互联互通、经济增长和"双赢伙伴关
系"上，"一带一路"受到广泛的国际关注。但
同时，对于这种规模的基建投资可能带来的
环境影响，国际上也存在种种担忧。国际学
术界、国际组织和媒体对于"一带一路"倡议

在环境领域的可持续性都提出过不同意见，并且不断呼吁"一带一路"基建项目要重视绿色发展。

(一)呼吁"一带一路"基础设施建设的绿色化

1. 国际学术界认为"一带一路"基建项目对沿途生态的影响不容忽视

不少环境研究成果都指出，与"一带一路"相关的基础设施项目将穿越并危及全球生态脆弱地区和关键生物多样性地区。[①] 世界自然基金会的研究显示，"一带一路"连接中国与中东、中亚和欧洲的陆上走廊，与 265 种濒危物种重叠，还与 1739 个指定的重要鸟类区或重点生物多样性区以及 46 个生物多样性热点区重叠。国际环境科学学术期刊《生物保护》发表了一篇由马来西亚、缅甸、中国、澳大利亚、英国和美国等国科学家联合撰写的论文[②]，分析了"一带一路"基建项目所覆盖的路线可能会对东南亚地区生物多样性造成的潜在影响。作为全球生物多样性最为丰富的地区之一，全球 34 个生物多样性热点

[①]　Alice C. Hughes，"Understanding and Minimizing Environmental Impacts of the Belt and Road Initiative"，in *Conservation Biology*，Vol. 33，No. 4（August 2019），pp. 883-894.

[②]　Li Shuen Ng，Ahimsa Campos-Arceiz，Sean Sloan，Alice C. Hughes，Darrel Chin Fung Tiang，Binbin V. Li，Alex M. Lechner，"The Scale of Biodiversity Impacts of the Belt and Road Initiative in Southeast Asia"，*Biological Conservation*，Vol. 248，2020.

地区中有 4 个坐落于东南亚①，有大量地方性特有物种生活于此。

　　研究提到，公路、铁路等这类"线性基础设施"开发，会使动植物栖息地碎片化，进而遭到破坏。地区的碎片化造成种群分隔，将使被开发地区的野生动物种群数量出现下降甚至灭绝的危险。不仅如此，公路、铁路的修建还会让盗猎、盗采活动以及其他物种入侵变得更加容易。

　　研究人员通过分析已有的"一带一路"公路、铁路空间数据发现，东南亚大陆有 21 个保护区被"一带一路"的道路项目直接穿过。而在所有的道路类型（新建铁路、新建公路、升级铁路和升级公路）中，新建的铁路会更容易横贯保护区（在 21 个被横贯的保护区中，有 8 个是被新建铁路所贯穿）。而且由于新建铁路普遍位于环境更为原始的地区，因此其对于生物多样性的威胁是所有道路类型中最大的。该研究指出，东南亚地区有 83％的濒危哺乳动物、78％的濒危鸟类、53％的濒危两栖动物和 52％的濒危爬行动物生活在距离"一带一路"沿线基建项目 25 千米的范围内。海洋生物面临的情况同样不容乐观：总计有 20 个海洋

---

　　①　Woodruff，D. S. "Biogeography and Conservation in Southeast Asia：How 2.7 Million Years of Repeated Environmental Fluctuations affect Today's Patterns and the Future of the Remaining Refugial-phase Biodiversity"，*Biodiversity and Conservation volume* 19，2010，pp. 919-941.

保护区和 16 个生物多样性关键区位于"一带一路"海洋路线 50 千米的范围内。与陆地情况类似，这样的距离有可能会对保护区内的生物造成破坏性影响。

围绕印度尼西亚巴丹托鲁水电站开发对当地生态环境影响的争议，国际社会就多次呼吁"一带一路"倡议重视生物多样性影响。因水电站的建设砍伐了大量树木，当地仅存的 800 只珍稀物种达巴奴里猩猩不得不进入人类居住区栖息，导致这一种群因栖息地碎片化而分散开来，影响了达巴奴里猩猩的遗传多样性和繁衍速度，有可能使这个脆弱的物种面临灭绝。因水电站的建设而架设的高压电线、修建的道路网络，给生活在树上的猩猩带来活动区域的严重压缩，但给当地的猎人提供了不少便利。

国际学界和环保组织认为，如何控制项目建设对当地生态系统和生物多样性的影响，实现地区经济发展和生态环境保护的兼顾，已经成为摆在"一带一路"众多参与者面前的一个亟待解决的问题。澳大利亚詹姆斯库克大学的威廉·劳伦斯教授等人在《自然—可持续发展》杂志发表论文时称，中国已经给出了一系列关于绿色"一带一路"的文件和承诺，这在改善国内环境保护方面做得比国际上好得多。中国有可能通过"一带一路"成为可持续发展领域的世界领导者，使中国能够改变其开发商在境外开展项目的方式。但他也表示："中国有一个独特的机会，但如果是'一切照旧'，那么环境成本和投资者面临的经济风险可能会非常可怕。"

2. 呼吁在"一带一路"项目规划中加大对绿色基建的投入

有学者建议，在"一带一路"项目规划建设的同时，增加对基础设施的绿色投入，减轻或消除项目建设对当地生物多样性的影响。在规划项目时，项目方需要留出一部分资金来支持可持续发展和绿色基建，而不是只注重经济收益。上述研究者认为，在基础设施设计的过程中，要注意生态区的连通性以及特有物种或者濒危物种的保护，建设濒危物种的迁移通道，建设生物多样性监测，特别是在建设道路的同时配套建设生态廊道。这将有助于项目方和国际观察者建设一个长期的评估平台。

关于"生态廊道"建设，中国近年来已经推出了不少政策方针，引起国际社会注意和支持。2016 年，《中国"十三五"生态环境保护规划》明确提出的"构建生态廊道和生物多样性保护网络"，全面提升各类自然生态系统的稳定性和生态服务功能。2020 年 8 月，中国环境与发展国际合作委员会向中国政府提出的一揽子政策建议中也包括将"基于生态保护红线和保护区的生态廊道建设目标"纳入联合国《生物多样性公约》后 2020 年全球生物多样性保护框架中。

国际学界欢迎已有的中方与国际伙伴的绿色"一带一路"科研合作。目前东南亚的"一带一路"沿线国家在科研领域已经与中国建立了多个合作交流机制和平台。比如，中国科学院在海外成立了多个涉及生物多样性保护研究的机构①，其中就包括中国科学院东南亚生物多样性研究中心。该中心依托中国科学院西双版纳热带植物园组织、建设、运行和管理，于 2016 年 10 月在缅甸内比都成立，并在老挝万象成立分中心。成立之后，东南亚中心已经对全球生物多样性热点地区之一的中南半岛完成了多次大规模联合野外科考，调研范围覆盖缅甸、泰国、越南、老挝等国家。

3. 呼吁在项目规划中重视当地社区对环境的意见

对"一带一路"项目开发商和出资方而言，不解决好环境问题可能就意味着监管和声誉风险，包括行政处罚、法律诉讼以及社区抵制，导致项目延工甚至关闭。因此，他们必须认真采取缓解措施。美国咨询公司 RWR 集团 2018 年的一项研究报告认为，在"一带一路"国家宣布的中国投资的基础设施项目中，从 2013 年到 2018 年，约有 14％（234 个）项目遇到了困境。所遇问题大多为公众对项目的反对、劳工政策的反对、业绩未达预期、对国家安全的担忧。② 为此，东道国和国际环保组织、科学家多次呼吁"一带一路"项目在开发时重视绿色发展，特别

---

① Honghu Meng，Xiaoyang GAO，"Global Biodiversity and Conservation along the Belt and Road Initiative"，*Bulletin of Chinese Academy of Sciences*，2019(7).

② James Kynge，"China's Belt and Road Difficulties are Proliferating across the World"，*Financial Times*，2018.

是重视当地社区对环境影响的担忧。

印度尼西亚巴丹托鲁水电项目自 2018 年开工以来,就受到过多家环保组织、当地居民和科学家的质疑和抗议,争议在于项目对地区生物多样性的威胁和对下游脆弱生态环境的危害。2018 年 6 月,25 名全球顶尖的环境科学家去信印尼总统佐科·维多多,要求停止对该地区的进一步开发。印度尼西亚环境论坛也曾试图对北苏门答腊水力资源公司提起诉讼来阻止这个项目。诉讼中提到,水电公司进行项目影响评估的过程中缺少公众意见征询的环节,当地不少社区并不知道这座大坝正在建设中,更不了解这个项目的潜在影响。

面对争议,项目出资方中国银行曾在 2019 年 3 月发布声明,称注意到一些环保组织最近对印尼水电站项目的关切。中国银行称会认真评估该项目,并根据推动绿色金融、履行社会责任和遵守商业原则等因素作出审慎决策。中国银行在评估之后,决定撤资巴丹托鲁水电站开发,这受到了世界自然基金会的高度赞赏。[1] 世界自然基金会表示,这是中资金融机构首次对此类事件进行公开回应,体现了中方重视对项目可能引发的环境和社会影响以及国际舆论。同时也强调,不充分的环境和社会风险贷前评估很可能引发项目建设和运营风险,造成经济损失。

---

[1] Dyna Rochmyaningsih, "Dam Threatening World's Rarest Great Ape faces Delays", *Science*, 2020(12).

　　缅甸密松大坝项目和柬埔寨的松博大坝也出现过相似的困境。项目建设到一半就因争议被迫停工，导致资金被冻结。当地渔业社区担心项目导致鱼类无法洄游至上游产卵，危害当地渔民的生计。面对当地和国际社会的持续反对，密松大坝项目被搁置，中国电力投资集团公司和投资方中国进出口银行因此陷入两难。柬埔寨的松博大坝也曾因为会给湄公河带来环境问题而面临类似的问题。

　　不过国际观察者注意到，中方投资者在项目的环境风险和社会影响评估上越来越谨慎。2020 年中国工商银行就在接受当地反馈并进行评估后，从肯尼亚拉穆煤电站项目退出。此前，该项目获得了三家中国国有企业的支持，但拉穆岛上的居民担心空气污染，电厂排放还可能会威胁对当地生计至关重要的海洋生物。当地环保人士和社区工作者在之后陆续发起请愿、抗议并提起了诉讼。有这样担忧的还包括联合国教科文组织和世界自然保护联盟。这些国际组织都呼吁肯尼亚政府审查煤电站的环境和文化影响。在 2019 年法院裁定暂停该项目许可后，几家主要的融资方，尤其是中国工商银行从该项目退出。这次的经验让企业意识到，必须确保项目取得社区的支持。在几内亚，中方投资者就对尼日尔河福米大坝项目的融资存在迟疑。虽然中国是几内亚矿业和基础设施项目的主要投资者，已经参与了几内亚全国各地其他几座大坝的修建和设计。

但面对环保人士所担心的福米大坝引发尼日尔河内陆三角洲的生态和粮食危机的可能性，中方金融机构暂停了融资活动。

外界现逐渐希望通过与中方体现中国绿色发展理念的项目合作来带动东道国政府。2020年，土耳其当地社区就对中国金融机构提出取消胡努特鲁EMBA煤电项目。这座燃煤电站是中国在土耳其最大的直接投资①，也是"一带一路"倡议和土耳其"中间走廊"的关键项目。国际观察者呼吁，中国可以通过将绿色理念融入"一带一路"项目，助力土耳其的低碳转型，而不是推进胡努特鲁这样的高碳项目。

(二)呼吁"一带一路"金融投资绿色化

1. 国际观察者希望"一带一路"融资与全球气候和发展目标保持一致

中国的海外发展融资增长规模巨大。自2018年以来，中国已经向发展中国家提供了近5000亿美元的海外发展融资，来缓解和填补中低收入国家经济发展所面临的每年3.2万亿美元基础设施资金缺口。如此大规模的融资增长，使得外界越来越多地希望中国能确保其国际经济活动与全球气候和发展目标保持一致。

---

① 郑思远：《中国在土耳其最大直接投资项目开工》，新华网，2019年9月23日。

　　波士顿大学全球发展政策中心一项研究就探讨了中国绿色金融项目的风险，着重探讨了项目风险水平和地理位置的关系。① 研究提到，中国政策性银行贷款的接受国和世界银行的一样，但二者的贷款项目差异很大。2008—2019 年，世界银行向这些国家政府提供的贷款大多用在了医疗、教育、水和卫生以及其他政府服务上。相比之下，中国的开发融资则有四分之三流向道路、管道、采矿等基础设施和项目。2014—2017 年，"一带一路"国家获得的能源贷款中有 91% 流向了化石燃料行业。由于这些部门容易面临环境和社会风险，因此中国必须提高重视，降低这类投资组合的固有风险。

　　同时，相比世界银行的贷款项目，中国的融资项目面临环境风险的可能性更高，尤其是资源开采和能源两大领域的项目。上述研究指出，平均而言，中国政策性银行融资的项目比世界银行融资的项目对生物多样性的风险更大，尤其是在能源行业。中国的融资项目约一半与关键栖息地有重叠，有 30% 位于保护区内，24% 的贷款项目地点与原住民土地有重叠。虽然世界银行的项目也有它的风险，但总体而言，全球发展政策中心的研究建议中国需在投入资金之前对其资助的海外项目开展更多环

---

① Boston University Global Development Policy Center，*Risks to Global Biodiversity and Indigenous Lands from China's Overseas Development Finance*，2021.

境评估调查。

外界注意到，国有银行面临的压力是中国绿色金融无法回避的风险。国有企业目前享有一些优惠待遇，包括通过中国大型政策性银行和国有金融机构优先获得融资。但若未能预先审查项目或项目实施过程中没有进行风险管理，融资者很有可能面临贷款违约，或被迫撤资。国家开发银行、中国进出口银行、中国银行、工商银行等国有银行为"一带一路"项目提供了90%以上的融资，因此相关环境因素给这些国有银行带来了极高的金融风险。中国银行撤出对印度尼西亚巴丹托鲁大坝的融资就是一个典型的例子。

国际上另一个较普遍的观点为，许多"一带一路"项目的商业回报并不能得到保证。这些项目一般都在世界上一些管理制度最为复杂的地区，而且大都是一些对私人投资者没有吸引力的项目。宾夕法尼亚大学沃顿商学院管理系副教授赵敏渊表示，中国希望"一带一路"带来的整体互联互通和贸易提升，让项目在总体上实现商业盈利。但中国国有银行已有的不良贷款，可能不会让整体收益达到预想的效果。

2. 呼吁完善金融流程来推进"一带一路"绿色金融

国际观察者常常指出，中国国内主要的银行虽然基本设有环境相关的尽职调查，但大多对跨境、跨行业以及长期的环境风险识别和管理能力不足。相比亚行、世行、亚投行等多边金融机构在投融资项目层面已经有成熟的环境社会保障政策而言，中资金融机构在环境社会风险管理上仍然需要做不少功课。

国际多边金融机构、国际组织在准确识别区域层面的生物多样性风险上，已经有不少可利用的工具，但还没有被中资银行普遍采用。其他主要国际开发金融机构，尤其是拉美开发银行、南部非洲开发银行等以南南合作为重点的金融机构，早在具体项目提案前就开始与借款国开展合作，为可再生能源等新兴部门制定战略，并且制定具有高环境标准的提案。中国有必要学习这种合作模式，从而确保其海外项目的长期可持续性。

上述国际环境学者还建议，在基础设施中融入生态廊道或物种迁移通道建设设计，关键在于如何让基础设施的开发者有意愿和能力承担额外的生态基础设施建设成本。有观点认为，虽然从单纯的投融资角度来讲，建设生态廊道等生态基础设施确实是增加了额外的成本，但是如果从项目带来的经济环境社会全效益考虑，预防性的建设投入本就应纳入到项目的投资成本核算中。对于那些可能创造额外生态效益但现阶段市场化程度低的项目，可以通过引入开发性金融，或公益型资本与一般商业资金相结合的混合融资模式，降低基建投资的融资成本，给生态投入留出空间。

外界同时也认可中方一直在推进绿色金融政策方面释放正面信号。一些受到国际关注和肯定的行动包括：2012 年银保监会出台了《绿色信贷指引》；2016 年，七部委联合印发《关于构建绿色金融体系的指导意见》；2020 年 10 月，生态环境部会同发改委、人民银行、银保监会、证监会联合印发了《关于促进应对气候变化投融资的指导意见》。中国还发起并参与了"央行与监管机构绿色金融合作网络""可持续银行网络"等多个促进绿色金融的国际论坛。

这些行动有向国际社会表明中国正在通过自我监管规范海外投融资活动，并有强烈意愿实现气候目标。2020 年上半年，"一带一路"倡议首次实现了非化石燃料能源投资超半数。[①] 中国监管机构和政策制定者，如今愈发重视环境风险管理。例如，中国银监会 2012 年发布的《绿色信贷指引》第二十一条呼吁中国各大银行确保客户在开展海外业务时遵循国际良好实践，希望此类准则能推动"一带一路"融资者在风险管理政策中严肃对待环境影响。中国金融机构与多边开发银行合作共同为项目融资的情况也越来越多。

但国际研究者指出，现有政策或指导意见缺乏对违规金融机构或企业的约束和相应惩罚。尽管中国政府已经出台了多份建设绿色"一带一路"的文件，但大部分文件都属于指引性质，缺乏对金融机构和企业的约束力和可操作性。例如，2017 年颁

---

① Christoph Nedopil Wang, *Investments in the Chinese Belt and Road Initiative (BRI) in 2020 during the Covid-19 pandemic*, 2020.

布的《关于推进绿色"一带一路"建设的指导意见》中，虽有提及生物多样性保护，但没有规定具体的保护举措。类似的情况也出现在如《企业境外投资管理办法》《绿色信贷指引》《对外投资合作环境保护指南》等"一带一路"相关文件当中。

二、国际社会对绿色"一带一路"相关政策法规的反应

（一）承诺 2030 年碳达峰、2060 年碳中和目标

中国国家主席习近平在第 75 届联合国大会上提出中国力争于 2030 年前达到碳排放峰值，并努力争取 2060 年前实现"碳中和"目标。这一承诺一经提出就引发了多方关注和解读。

国际普遍认为，这一承诺意味着面对气候变化这一全球性难题，中国政府正在承担起碳排放大国的责任，并积极寻求国际伙伴的合作。中国在 2020 年定下的这一目标，比《巴黎协定》中要求的 2070 年前实现"碳中和"提前十年，这是一个清晰的有力的积极信号。亚洲协会政策研究所主席多边事务高级顾问汤姆·伍德鲁夫认为，习近平主席的声明是一个突破，是中国首次明确了一条长期的脱碳道路，并将给其他主要排放国带来压力，推动它们采取同样措施。[①]

---

① Steven Lee Myers，"China's Pledge to Be Carbon Neutral by 2060：What It Means"，*New York Times*，2020.

　　牛津能源研究所中国能源项目主任米哈尔·梅丹认为,中国对传统能源转型的关注和对创新的高要求,毫无疑问为加速支撑全球能源转型的关键技术创新奠定了基础。这无疑有助于全球能源转型。但双循环战略的产生,是为了让中国在日益去国际化的世界中不受外界力量的影响,而且执行过程中可能会伴随着大量行政措施。世界各地的企业和政府也必须确保自身能在中国的转型中发挥作用。

　　在外交层面上,这一承诺同样意义重大。这次的表态发布于2020中欧峰会之后,体现了中国政府对中欧合作应对气候问题的默契。而且这个积极信号发布在美国11月的总统大选之前,与美国前总统特朗普的气候变化怀疑论形成了鲜明对比,说明中国政府有预判美国在拜登进入白宫后会加强气候治理政策的力度,因此向美国释放信号会在气候变化问题方面加大合作。

　　不少观点也指出,中国这时的承诺还缺乏细节。米哈尔·梅丹认为,中国的"碳中和"承诺意义重大,但要实现这一目标,中国必须从根本上改变其发展经济和消费能源的方式,需要对现有的工业结构和利益集团进行重组。同时,化石燃料行业目前在中国占比较重,随着其在能源结构中的份额将不得不缩减,该行业将需要适应现实的变化,并开辟新的增长领域。绿色和平组织政策顾问李硕表示,缺乏具体细节可能是为了让中国在短期内保持政策灵活性，以便在新冠肺炎疫情之后寻求经济反弹。

国际学界还认为，中国的这次碳中和承诺将提高中国的总体经济社会收益。剑桥计量经济学会的研究显示，落实这一新承诺可使中国在 2030 年之前将国内生产总值（GDP）提升 5％之多。[①] 中国对实现碳中和的大力投资不仅会大幅减少自身的二氧化碳排放，还会降低清洁能源的成本，并且在其他国家产生积极的"溢出"效应。即使其他国家不提高它们自己的气候目标，这一承诺也可能意味着全球变暖的程度将比预期水平低 0.25 摄氏度。中国将变得更加富裕和健康。

（二）承诺中国不再新建境外煤电项目

在承诺"碳中和"目标一年之后，习近平主席在 2021 年联合国大会上发表题为《坚定信心 共克时艰 共建更加美好的世界》的重要讲话。[②] 其中最受国际关注的一项则是承诺"中国不再新建境外煤电项目"。

这一最新承诺确定了中国在海外煤电投资问题上的立场。联合国秘书长安东尼奥·古特雷斯对习近平主席的声明表示欢

---

① Hector Pollitt, "Going carbon neutral by 2060 'will make China richer'", *Cambridge Econometrics*，2020.

② 《习近平出席第七十六届联合国大会一般性辩论并发表重要讲话》，载《人民日报》，2021 年 9 月 22 日。

迎。他认为，全球加速淘汰煤炭是确保实现《巴黎协定》中将全球升温控制在 1.5 摄氏度目标之内的最重要的一步。在日本和韩国于 2021 年相继宣布在海外投资中取消煤电之后，中国宣布新的海外煤电承诺，代表着中国正式加入国际主要海外投资大国，摒弃煤电项目来应对全球气候变化。波士顿大学全球发展研究中心主任凯文·盖勒格指出，中国还是第一个做出如此表态的发展中国家。

国际研究指出，中国的这一表态延续了近期中国海外煤电发展变缓的趋势。能源与清洁空气研究中心的研究显示，在中国参与的海外煤电项目中，已规划和许可的项目近一半被取消或停建。① 中国全球投资跟踪数据显示，2021 年后，除了几家中国煤电设备供应商签订的工程合同外，中国尚未投资任何海外煤电项目。②

也有观点认为新承诺的政策覆盖范围仍有待厘清。对于已规划和在建的煤电项目，目前尚未有明确的政策规定将如何处置。波士顿大学全球政策中心的数据库显示，截至 2019 年年

---

① *4.5 Times as Much Overseas Coal Capacity Linked to China Cancelled or Shelved than Progressed to Construction*，Centre for Research on Energy and Clean Air.

② China Global Investment Tracker.

中，有 20 吉瓦和 13.5 吉瓦的中国参与项目处于在建和规划状态。① 这些项目中有部分在疫情防控期间可能遭遇了取消或搁置。

(三)发布《对外投资合作绿色发展工作指引》和《对外投资合作建设项目生态环境保护指南》

中国生态环境部和商务部于 2021 年 7 月联合发布了《对外投资合作绿色发展工作指引》，对中国企业对外投资过程中推进绿色发展提出建议。这份文件鼓励中国企业将绿色发展理念贯穿至对外投资合作全过程，鼓励企业采用国际组织或多边机构通行标准或中国标准，按照国际通行标准开展对外投资项目环境影响评估和尽职调查，并加强与东道国政府、媒体、民众和环境保护组织的沟通交流。

国际观察者认为，指引文件鼓励企业"采用国际组织或多边机构通行标准或中国标准"，代表着中国开始摆脱传统上对东道国规则的依赖。长期以来，"一带一路"项目受困于"东道国原则"，鼓励企业在海外运作时遵从于当地的法律法规和治理模式。但是标准的不统一和不透明经常给当地生态环境及社区生

---

① Ray，Rebecca，Kevin P. Gallagher，William Kring，Joshua Pitts，and B. Alexander Simmons，"Geolocated Dataset of Chinese Overseas Development Finance."，Boston，MA：Boston University Global Development Policy Center. Online database. doi：10. 17605/OSF. IO/7WUXV.

活带来影响。2013 年《对外投资合作环境保护指南》发布，首次提出中国监管部门和企业认可国际标准。而 2021 年的这份《对外投资合作绿色发展工作指引》，则是全面鼓励使用国际标准来规范海外项目的环境问题。这是在为"一带一路"倡议的高标准发展铺平道路。

时隔 6 个月之后，2022 年 1 月环境部和商务部又印发《对外投资合作建设项目生态环境保护指南》（以下简称"新指南"）。在之前的《对外投资合作绿色发展工作指引》的基础上，对如矿业开采、交通、能源等特定行业的环境风险管理提供了更详细的指引，将焦点放在了"一带一路"项目整体周期内环境风险管理的具体问题上。

新指南对 2021 年《对外投资合作绿色发展工作指引》的一个要点进行了进一步强调——在东道国环境监管或执法能力不足的情况下，仅遵守东道国当地的环境标准，已经不足以满足中国政府对绿色环保的政策要求。新指南建议，开展海外业务的中国企业在当地法规不完善的情况下，在整个项目周期中都应参照国际通用规则标准或更严格的中国标准。新指南还鼓励企业重点降低污染、气候、生物多样性三方面的环境风险，将这些生态因素的监测融入整个项目周期，包括要求聘请外部专家提供环境影响评估。

对国际观察者而言，这份指南的发布更加显示了中国提高

"一带一路"项目环境标准的决心，是绿色"一带一路"的一个重要的进展。[1] 新指南向中国国有和民营企业表明，中国监管机构越来越意识到"一带一路"项目环境评估标准的复杂性，根据东道国项目落地中出现的标准模糊问题，给出了更加清晰的指引。中国政府各部门在积极支持中国整体气候战略，并努力在全球气候和环境治理中发挥积极作用。同时，这份文件还代表了中国政府正在积极与国际合作伙伴建立共识，吸收了国内外研究人员的研究成果及建议，展现了中国积极推进环境治理的强烈意愿。

(四)发展"生态红线"政策

2011 年"中国生态保护红线"（ECRL）的概念首次提出。[2] 2017 年，环境保护部、发改委发布《生态保护红线划定指南》，在全国范围内实施生态保护红线政策。2020 年 11 月，中国政府又制定了《生态保护红线管理办法（试行）》征求意见稿。在 10 月召开的中共十九届五中全会上，中国再次提出完善自然保护地、生态保护红线监管制度是当务之急。

生态红线政策完善了当前基于保护区的保护模式，不再局

---

[1]　Christoph Nedopil, Dimitri de Boer, Danting Fan, *Understanding China's Latest Guidelines for Greening the Belt and Road*，2022.

[2]　Gixi Gao, "How China Will Protect One-quarter of Its Land," *Nature*，2019，https://doi.org/10.1038/d41586-019-01563-2.

限于国家公园等关键区域，为覆盖更多生态保护区提供了解决方案。生态红线政策将涵盖《生态保护红线划定指南》中定义的物种和生态保护区，用科学系统的方式进行地区评估与分类，自上而下地定义需要划入生态红线的区域，以创新的模式实现整体性的保护。

2019 年 5 月，英国《自然》杂志官网刊登了中国生态环境部卫星环境应用中心主任高吉喜的文章，指出其他国家可以学习中国在生态红线倡议中涵盖的保护自然、生物多样性和生态系统创新政策，意味着国际学术界对中国生态红线政策的认可。中国的生态保护红线政策意味着中国在落实和执行这一政策的过程中在方式上有所创新，可以为"一带一路"沿线国家提供经验。不少专家呼吁，利用"一带一路"这一条现成途径倡议分享生态红线经验，让东道国采取类似方法开展生态区保护工作。

三、部分国家气候政策针对绿色"一带一路"做出调整

在中国国内市场正在逐步淘汰化石燃料项目的情况下，如果"一带一路"国家拒绝低碳技术，那么它们将因投资化石燃料基础设施而面临巨大的债务和项目搁浅带来的资产风险。在习近平主席宣布中国将努力争取在 2060 年之前实现国内碳中和之

后，各国都在考虑通过从中国进口脱碳技术和出台相应的政策，走上一条更加清洁的增长路径。

印度尼西亚就因中国的绿色承诺而可能被迫结束煤电扩张。随着中国最近宣布将"不再新建海外煤电项目"，全球近8000万千瓦由中国支持的拟建煤电装机容量项目可能遭遇搁浅。能源与清洁空气研究中心研究发现，2017年以来，印尼与中国相关的煤电项目中，遭遇搁置或被取消的装机容量是投入建设的两倍之多。印尼与中国相关的在运和拟建煤电产能居全球第二。因此，中国宣布不再新建海外煤电会给其带来独特的影响。印尼政府2014年启动的3500万千瓦电力采购计划鼓励了大量许可证的发放和电力采购协议的签订，催生了一波新的煤电项目。但在中国宣布去煤承诺后，很多项目都可能面临被放弃的风险。而习近平主席关于将加大对海外低碳能源的支持的承诺，应该能激励印尼重新规划电力发展战略和投资格局，加速能源转型，远离化石燃料。

清洁能源和绿色能源投资政策方向已经不断在"一带一路"沿线国铺张开来。在埃及和阿曼，中国企业参与的燃煤电站提案已经被搁置。2018年协鑫集团签署合同在埃及设立该公司首家太阳能电池板工厂。中国企业还在阿联酋建设950兆瓦的大型光热光伏混合型电站项目。中国国有企业还参与了缅甸、越南、智利、老挝、菲律宾等国的大型可再生能源项目，中国的光伏设备远销数十个国家。乌干达与中国葛洲坝集团合作的500兆瓦光伏发电项目，以及中国电建在赞比亚的600兆瓦的光伏发电项目也备受国际关注。

由于越南政府已经出台政策鼓励发展可再生能源，中国企业已经向该国出口了数亿美元的光伏设备。中国电建负责开发东南亚最大的光伏电站、600兆瓦的越南油汀光伏项目。该公司在越南开发的项目包括99兆瓦的薄寮海上风电项目、73兆瓦的朔庄风电项目以及550兆瓦禄宁光伏项目。此外，越南首个风电示范项目、2016年投入运营的24兆瓦富呴风电场也是由中国电建开发的。

"一带一路"发展中国家有足够的动机效仿中国，宣布自己的碳中和目标，推动全球向着更清洁、更低碳的未来发展。但目前大多数"一带一路"国家都没有做出"碳中和"承诺，其中许多国家无法摆脱以高碳基础设施为基础的经济增长模式。它们需要解决可再生能源的融资缺口，同时还要应对支持煤炭、石油和天然气的各方带来的压力。国际观察者认为，虽然能源投资的决策权最终在于"一带一路"东道国政府，但中国企业在与项目所在国就大型基础设施项目进行谈判时拥有相当大的话语权，即使没有最终决定权，也可以停止对化石燃料的对外投资，鼓励企业专注可再生能源。

希腊就期望在绿色"一带一路"的助力下实现气候目标。自

2006 年两国建立全面战略伙伴关系以来，中国在希腊的投资不断增长。之前中国在希腊能源领域的参与主要集中在比雷埃夫斯港和化石燃料发电，但希腊在 2019 年之后决定逐步淘汰煤炭后，中国在希腊的投资也正在向绿色能源转型。雅典国际经济关系研究院亚洲研究所所长普拉门·汤契夫表示，自政府决定淘汰燃煤发电以来，中国企业和官员均表示有意投资西马其顿地区的能源转型类项目，这些项目与希腊的气候目标相一致。他预计，中国将把重点放在"更清洁的"能源投资上。

希腊和中国的能源企业在习近平主席访问期间签署了在克里特岛兴建集中式太阳能发电项目的协议。据汤契夫介绍，中国将是洲际电网中"活跃的利益相关者"①。作为"一带一路"倡议的一部分，洲际电网是中国为满足全球向可再生能源转型而产生的互通性需求所做出的尝试。因此，作为地中海第一条高压直流输电线路，将克里特岛与希腊大陆电网连接起来的阿里阿德涅项目是一项具有战略意义的投资。一旦克里特岛与大陆电网相连接，岛上的化石燃料发电厂将被淘汰。世界自然基金会希腊能源政策官员迪米特里斯·塞克斯表示，中国宣布在2060 年达到"碳中和"这一承诺，不仅将深刻影响希腊，而且将影响整个欧盟。

---

① Phillip Cornell，"Energy Governance and China's Bid for Global Grid Integration,"*Atlantic Council*，2019.

第六章 ┃ 主要结论和政策建议

通过前文对绿色"一带一路"的提出和进展的梳理，量化研究"一带一路"对参与共建国家绿色经济发展的影响，从"一带一路"交通基础设施、能源工程、金融领域的典型案例分析，观察国际社会对绿色"一带一路"的反应，本章在对前文进行总结的基础上归纳结论，并对进一步推进绿色"一带一路"提出针对性建议。

一、主要结论

(一)"一带一路"倡议对促进相关国家向绿色经济转型起到积极作用

本书通过构建"一带一路"倡议对参与共建"一带一路"国家绿色可持续经济发展影响的机制分析框架，基于 2006—2019 年可获取数据的 130 个共建"一带一路"国家和 46 个其他国家的面板数据，采用双重差分 DID 方法，实证检验了"一带一路"倡议对共建国家绿色经济发展的平均效应和动态效应，以及实证结果的有效性，另外还进行了异质性分析和影响机制测试。结果表明：

首先，"一带一路"倡议可以降低共建国对能源的消耗和碳排放水平，促进共建国经济向绿色升级发展。这是因为中国与"一带一路"沿线国家具有巨大的经济互补性。在"一带一路"倡议的推动下，双方通过加强双边贸易往来、产能合作、基础设施建设合作，促进产品、技术、资金等跨境要素的跨境交流。自由流动，具有溢出效应，带动参与国产业结构、基础设施竞争力和创新能力的优化升级，促进相关国家经济增长，同时减少能源消耗，降低高能耗、高排放产业比例，助力各行业朝绿色经济转型升级。

其次，"一带一路"倡议在促进共建"一带一路"国家经济绿色发展方面存在滞后性。"一带一路"倡议的动态政策效应呈倒U形趋势，促进相关国家绿色经济发展的效应先是逐渐增强，2016年达到最大值，2017年后逐渐减弱。

再次，"一带一路"倡议对不同收入水平、不同地理位置的共建国绿色可持续经济发展的影响存在异质性。低收入和中低收入国家在绿色经济发展方面的受益程度大于高收入和中高收入国家；共建国家中的"一带一路"沿线国家与非沿线国家在经济绿色发展方面的收益平均效果基本接近，无明显差异。

最后，在"一带一路"倡议下，通过促进产业升级、提升基础设施建设竞争力、提升创新能力水平，显著促进了相关国家的经济绿色可持续发展，其中通过完善基础设施建设带来的促进作用最明显。

（二）绿色"一带一路"在基础设施建设、能源、金融等领域取得丰硕成果

中国积极推动基础设施绿色低碳化建设和运营，在贸易投资中强调生态文明理念，环保技术和绿色产业合作项目不断落地，赢得各国广泛赞誉。一方面，中国已经在"一带一路"共建国家参与建设了许多可再生能源项目，帮助项目所在国能源供

应向高效、清洁、多样化的方向转型；另一方面，中国企业在规划和承建"一带一路"项目时，在促进当地经济社会发展的同时，充分考虑生态因素。本书选取了肯尼亚蒙内铁路与内马铁路一期、巴基斯坦卡洛特水电站项目、中国工商银行发行"一带一路"银行间常态化机制绿色债券、中财—国政绿色债券指数系列的发布为典型案例，覆盖绿色基建、绿色能源、绿色金融三大领域，总结了绿色典型项目建设经验借鉴。

第一，践行绿色可持续发展理念。肯尼亚蒙内铁路在建设过程中，为保护野生动物的生存环境设置了迁徙通道；设置噪声屏障，降低列车通过时的噪声，最大限度降低对野生动物的影响；保护施工当地空气质量，保护河流不受污染；有效保护沿线生态保护区，减少森林砍伐。卡洛特水电站项目的绿色工程体系充分融合了 IFC 国际绩效标准、中国管理标准、巴基斯坦当地法律法规和项目相关合同，走出了一条创新的"三标一体化"工程规划和管理之路。卡洛特水电站项目不仅采取了节能、节地、节水、节材等措施，而且重视对施工人员进行野生动植物资源和生态环境保护宣传教育，严禁施工人员向当地猎人收购野生动物。

第二，重视绿色生态技术创新。内马铁路一期为克服砂的制取难题，攻克火成岩机制砂技术，使得火成岩机制砂成功应用于铁路混凝土施工。火成岩机制砂在内马铁路的成功应用，大幅降低了运输成本和能源消耗，降低了碳排放，节约了施工工期，并保护了当地生态环境。卡洛特水电站项目在废水处理上采用了 DH 高效（旋流）污水净化器的处理工艺，运行时无须机械搅拌，占地面积小。同时，三峡南亚公司投资约 1.5 亿元用于定制环保专项计划，仅仅在废水处理这一项便采用了世界一流的环保设备和措施。

第三，注重不同标准的使用和对接。肯尼亚蒙内铁路与内马铁路一期从两段铁路的规划和实际开工前进行必要的环评，了解当地标准和法律。在整个施工过程中，承包商和施工人员充分意识到施工的环境敏感性，在施工期间采取严格的措施，以尽量减少对原始生态系统的潜在负面影响，有效地保护了生态环境。卡洛特水电站是首个完全使用中国技术和中国标准建设的水电投资项目，整合了多方资源，牵头中国大型水电产业全产业链"走出去"。为了使项目更加规范，三峡南亚投资有限公司专门聘请了以澳大利亚雪山工程咨询公司为牵头方的联营体为业主工程师，代表业主对项目的图纸和施工方案进行审核，与国际标准对接。

第四，加强属地化经营。肯尼亚蒙内铁路与内马铁路一期加强与本地企业的技术合作来降低碳足迹，解决了抗震钢筋的紧急增补采购问题，降低了采购成本和碳足迹，确保了工期。普莱姆钢铁公司在这个过程中，提升了生产工艺，在市场中赢得了大量的订单。卡洛特水电站项目积极践行"建设一个电站、带动一方经济、改善一片环境、造福一批移民"的水电开发理念，用心建立和维护与地方政府和周边社区的关系，重视遵守项目所在社区的适用法规。

第五，注重经济效益和当地民生的改善。肯尼亚蒙内铁路的运营对水泥、钢铁、交通、旅游等行业的发展都产生了积极的影响，降低了通勤成本，提高了列车的客货运力。内马铁路项目带动了肯尼亚水泥、钢材、运输等行业的发展，中国企业从资金、技术、管理等方面对供应商进行帮助，带动当地产业升级。项目还培养了大批当地技术人员，帮助肯尼亚逐步实现铁路的自主运营。卡洛特水电站项目中，三峡集团积极履行社会责任，不仅投资超过 600 万美元用于社会责任实施项目，而且积极开展教育扶贫，联合巴基斯坦旁遮普大学、孔子学院、江西理工大学，共同实施巴基斯坦移民奖学金计划，为当地教育水平的提升作出贡献。

第六，通过创新金融方式提升绿色项目的融资能力。中国工商银行发行的"一带一路"银行间常态化机制绿色债券表明，首先，金融机构需要采用一套普遍接受的绿色债券标准，如国际资本市场协会 2018 年更新的《绿色债券原则》，可以提供可靠的指导，确保债券在全球范围内得到认可。其次，在债券发行过程中，国际合作必不可少。再次，需要有环境经验和知识的专家来监测、审查和更新收益的分配，使其符合商定的绿色原则。在中国工商银行总行设立专门的绿色债券工作组，并赋予工作组专家否决权，是值得借鉴的良好做法。最后，中财—国政绿色债券指数系列的发布架起了中国与世界绿色债券市场的桥梁，为国际投资者提供更透明、及时、准确的中国绿色债券市场信息。

(三)绿色"一带一路"建设仍然面临诸多挑战

2015年，自国家发改委、外交部、商务部联合发布《推动共建丝绸之路经济带和21世纪海上丝绸之路的愿景与行动》以来，建设绿色"一带一路"，深化环保合作，践行绿色发展理念，加大生态环境保护力度已经成为推进"一带一路"的重要底色。近年来，绿色"一带一路"在建立全方位、多元化的合作伙伴关系，开展"一带一路"国家绿色发展项目等方面取得显著成果。但同时，在推进绿色"一带一路"建设中仍存在着诸多难题。

第一，沿线各国存在生态基础差异与不均衡的绿色发展水平。"一带一路"沿线区域十分广阔，总体上位于全球气候变化的敏感地带，生态环境多样而脆弱，沿线重点区域生态环境特征差异明显，环境问题复杂多样。且沿线国家多为处于生态脆弱区的发展中国家，环境准入门槛较低，发展需求大于环境需求，存在绿色环保和发展经济的双重压力。并且，沿线居民生存境遇不同，对生态环境保护也存在不同的认识，这也为推动建设绿色"一带一路"倡议增加了一定的难度。

第二，绿色"一带一路"建设的环境管理制度与合作机制亟须完善。"一带一路"合作重点的基础设施建设领域环境敏感度相对较高，有关项目开发建设面临相当的环境风险，这要求中国对此进行严密的环境与社会评估、项目可行性评估以及与东道国利益攸关方、当地非政府组织、社区公民保持有效沟通。此外，中国国内环保法律仍缺乏与国际环保规则和标准的有效对接的体系，在矛盾或争端出现时，缺乏机制政策的有效保证。

第三，在绿色"一带一路"推进过程中，面临复杂多变的海外环境保护投资风险。例如，洪水、干旱、地震、泥石流、滑坡等自然灾害的发生具有不可预测性和突发性，一旦发生，一方面会影响绿色"一带一路"工程进度、工程质量和建设者的安全，另一方面会影响竣工后的运行和维护。加上中国与东道国在环境标准、环境管理和环境意识等方面的差距，极易引起所在国国家、民众和国际社会对"一带一路"环境影响的负面舆论。

第四，绿色贸易壁垒的存在造成障碍。目前，绿色贸易壁垒措施正变得越来越多，有各种各样的针对绿色贸易的措施，包括环境保护。绿色贸易壁垒不断限制社会经济发展的需要。目前的绿色贸易壁垒不仅体现在环境保护法规和标准上，而且这些法规的实施过程逐渐成为外国商品进入市场的严重阻碍。例如，2021年1月27日，拜登签署与气候变化相关的多项政策，旨在恢复美在应对气候变化、推动绿色发展方面的领导作用。此举将进一步激活欧盟主推的碳边界调节机制（又称碳边境税）。美欧推行碳边界税造成的绿色贸易壁垒，可能改变"一带一路"产业链和价值链，提升中企进入美欧市场的门槛，中国需警惕其结成对华碳边境税联盟，提前布局发展低碳绿色产业。

（四）绿色"一带一路"面临复杂的国际舆论环境

自"一带一路"建设实施以来，西方媒体掌握话语权，利用掌握的强大舆论平台和话语传播力量，对"一带一路"沿线的生态环境和经济发展进行歪曲报道，诸如中国"一带一路"建设是把高投入、高耗能、高污染产业转移、以此淘汰过剩落后产能等论调层出不穷，毒化绿色"一带一路"的国际环境。同时，鉴于"一带一路"沿线地区地缘政治格局复杂多变，相关投资开发项目如果发生环境争议，极有可能被炒作放大，成为相关国家用以进行政治外交博弈的工具。针对绿色"一带一路"的基建项目，国际社会认为"一带一路"对环境的影响是巨大的，建议基建项目采取措施兼顾生物多样性保护。针对绿色"一带一路"的能源项目，国际智库认为煤电投资在中国全球电力投资中所占份额最大，但可再生能源项目的比重正在上升。针对绿色"一带一路"的金融发展，国际观察者希望中国的国际融资活动与全球气候和发展目标保持一致。

二、政策建议

为进一步发挥绿色"一带一路"的促进作用，针对以上提到的在建设中存在的难点和堵点，提出以下建议：

(一)更好发挥政府引导作用，推进与沿线国家绿色合作机制建设，保障企业投资安全

政府层面要统筹全局，加强与"一带一路"国家的战略对接。在制度顶层设计、机制建设、平台建设等方面进一步引导和支持，推进标准对接，强化"一带一路"相关方的综合环境社会管理能力。高举合作共赢的旗帜，坚持共商共建共享，找到双方利益汇合点和最大公约数，共同构建应对气候变化利益共同体。

第一，共同探讨气候变化问题。积极开展与沿线国家在环境社会方面的对话交流、政策研究、联合规划、合作、技术援助、能力建设等活动，开展双边合作论坛、建立双边环境合作办事处，等等，充分吸纳相关方参与。要加强气候变化、海洋合作、保护野生动物、防治荒漠化等方面的沟通和交流，要充

分考虑到"一带一路"各国的发展阶段和基本国情，把中国的"3060"碳达峰、"碳中和"战略与其他国家的气候变化战略相衔接，共同探讨绿色发展战略、绿色经贸合作、绿色技术研发和协同发展，共同应对"一带一路"沿线国家的气候变化。

第二，建立绿色经贸制度。通过召开绿色贸易高峰论坛，推动"一带一路"区域全面经济伙伴关系协定谈判和自贸区网络建设，商讨贸易协定中的环境规则范式，共同制订绿色贸易路线图、施工单和时间表，加快建立"一带一路"国家的环境标志互认制度、统一的碳排放权交易体系，促进"一带一路"各大市场要素的自由流动、资源的有效配置和市场的深度融合。

第三，共同推动碳税治理规则。"一带一路"峰会，东盟10＋1峰会，亚洲基础设施投资银行，坚持"共同责任"，倡导"以消费为导向，以生产为导向"，倡导"以消费为导向的碳减排责任"；在"一带一路"沿线各国的支持下，在全球范围内提高发言权，在全球范围内共同参与碳税治理、促进WTO《环境产品协定》的谈判、积极指导法规的制定、减少环境产品的关税和非关税壁垒、预防和化解贸易和投资中的环境风险。

第四，推动标准、平台的对接。首先，通过适宜的方式，开展与沿线国家在环境社会标准制定方面的合作，联合推出绿色标准、认证、标识体系。其次，在多国合作基础上，联合建立环境突发事件的联动机制和污染应急体系，定期对"一带一路"建设过程中出现的环境社会问题与热点进行评估。加强项目建设的科学性论证，加强境外项目生态环境风险评估和防范的咨询服务能力，建立生态屏障或生态保护区。最后，搭建生态环境大数据服务平台。加快生态环保大数据服务平台的建设，充分利用国家的空间和信息基础，加强绿色信息共享，促进"一带一路"沿线各国和地区的知识、技术和信息共享，促进绿色环保信息产品、技术和服务的合作，支持沿线各国绿色转型、绿色贸易、投资和绿色基础设施建设，实现共享发展。

（二）发挥企业主体作用，提升绿色风险管控能力，在沿线国家推动绿色实践

对于企业来说，第一，要更加注重提升绿色风险管控能力。为管控项目风险、实现可持续发展，企业要在项目投资、建设和运管的全过程中，提升绿色风险意识和管理水平。这些主要包括在项目投资决策前开展环境尽职调查，最大限度地识别评估投资风险；在开展项目建设之前进行环境影响分析，获得管理部门批准；按照所在国法律法规要求，申请办理相应的环境许可；按照国际通行要求，制订并实施环境行动计划，保证项目建设和运营能达到相应的环保要求，并不断优化提升。在项目建设和运营过程中，按要求运行环境社会设施和措施，监测环境社会影响，定期发布环境绩效报告，向公众展现项目进展

情况、重要环境事件、环境行动计划落实情况、环境目标完成性，并及时解决负面环境社会问题。项目建设完成时，开展环境社会验收。

第二，要加强人才队伍建设。作为"一带一路"建设的主力军，企业还应加快建设与之相匹配的人才队伍。这些主要包括加快教育和培训国际化，提升本地劳动力受教育水平和技能素质；培育环境社会重点咨询、研究和培训机构，提升各相关方对环境社会问题的认识和重视程度；加强与国际合作和组织沟通，积极应对跨国经营和国际劳动力市场中存在的各类冲突，在实践中提升对跨文化劳动力市场的风险管控能力。

第三，要顺应"绿色发展"大势和沿线国家发展需要，扎实践行绿色、低碳、环保理念，让"一带一路"成为经济繁荣之路和绿色发展之路。通过建设境外经济合作区、合作开发第三方市场、技术转让、合资合作等方式，将绿色理念、绿色标准、绿色实践融入"一带一路"沿线产业链、价值链、供应链、服务链，形成共建、共赢、共享的绿色经济发展模式。企业进行全球产业链合作后，应承担更多的社会责任，重视环境保护，制订严格的环保标准，加大对绿色项目投资，并引入低碳投资目标，进而为当地企业树立榜样。加强对沿线国家在绿色低碳技术方面的培训和交流，降低建设风能和太阳能项目的成本，进而提升沿线国家对低碳路径、绿色发展参与的积极性和主动性。

加强与东道国民间的交流合作，通过举办生物多样性和生态环保等各类公益活动，改善沿线贫困地区生产生活条件，进而为绿色"一带一路"建设提供民意基础和保障。

(三)更加重视金融机构对绿色发展的支持作用

为继续提升"一带一路"建设可持续性、凸显中国作为"一带一路"重要参与者的责任，要坚定地推动"一带一路"共建国家发展绿色金融。

第一，加强绿色金融市场体系建设，统一绿色标准。对绿色金融而言，"引导绿"是重要的，而非"统计绿"。按照"国内、国际上的统一"的方针，制定绿色金融、绿色技术的一般准则。这主要包括构建一个具有通用基础标准、信用评估、产品服务和共享标准的国内统一标准体系；完善标准和规划的设立和实施；逐步在资源循环利用、生态环境污染防治等重点领域制定一系列绿色技术标准，加快投资的绿色转型；明确技术关键性能和技术指标，确保标准能兼顾产业特点和国际规则；持续优化绿色项目认定标准，破解标准不一的匹配难题；完善绿色评级和认证制度，促进市场公平竞争和规范发展。应加强国际合作，规范世界绿色金融的发展，健全绿色金融的标准，为下一步制定和完善中国的统一的金融服务标准提供建议。

第二，形成绿色金融信息体系，公开信息披露。在碳中和的目标下，加强与公司及金融机构有关的金融信息披露将有越发严厉的趋势。绿色金融投资机构需要进一步建立透明的信息公开机制，共享项目数据，制定行业标准，建立非政府机构投资支持服务体系，增加企业之间的交流机会，明确合作方向，提高投资准确性，增加行业透明度和投资者信心，同时推动合理安排同类同质企业在同一地区的项目投资建设活动。一方面，信息公开可以增强行业的透明度，促进公司治理，树立"绿色标签"，传播"绿色名片"；另一方面，信息披露也有助于公众认识到新的资产类别，降低绿色项目的融资成本，提高投资效率。未来，需要积极探索金融机构的环境信息披露制度，有序推进环境信息披露；鼓励金融机构在投资过程中充分嵌入 ESG（环境、社会和治理）评价；建立鼓励性的绩效考核、激励约束机制，保证信息公开的准确性和及时性；健全完善的风险管理和信息披露机制，有效促进绿色金融需求与供给的精准匹配。

第三，创新绿色金融产品，优化投资结构。金融机构要积极调整和优化投资结构，坚持"绿化"信贷结构，优先支持绿色经济领域的优质项目；通过联合融资支持更多清洁能源等绿色项目，并鼓励中资金融机构与发达国家商业金融机构开展第三方合作，按市场化原则切实满足沿线国家的绿色发展需求；通过财政奖补、贴息等方式，对符合条件的绿色信贷、绿色债券等进行奖补，引导金融资本投向绿色企业和绿色项目；同时对绿色信贷达到一定比例的银行，给予绿色金融债、绿色资产证券化等鼓励措施；开展环境权益融资，积极推动"碳中和"资产支持商业票据融资；"挤入"而不是"挤出"绿色项目的资金，促进"一带一路"项目的海外落地。同时，金融机构应从整体、多角度考量"一带一路"投资项目的社会效益和经济效益；坚持并积极践行绿色投融资理念、价值观，管理自身环境和社会行为；针对不同主体和不同绿色发展需求开发绿色金融创新产品与服务，提供"量身定做"的融资方案；要充分考虑环保指标，合理地设计融资结构，利用金融产品来预防和治理环境污染。通过绿色融资、生态环境影响评估等方式对绿色投资进行引导，保证项目的社会效益。同时，要密切注意市场和政策动向，重视市场反馈，适时地调整自己的投资方向和投资战略，以适应时代发展。

(四)发挥民间交流的作用，做好绿色"一带一路"的国际传播

"一带一路"建设以"民心相通"为根本，推进"一带一路"绿色发展，更要发挥民间力量在绿色"一带一路"中的润滑剂作用。

第一，发挥民间交流的促进作用。一是要多渠道加强与基层群众的交流与合作，开展各种形式的公益慈善，如生物多样性、生态环境等，营造全社会关心、支持、参与绿色丝绸之路

建设的文化氛围，重点面向基层民众，开展医疗卫生、教育培训、精准扶贫、智库建设等方面的民间合作，造福沿线国家和人民。二是充分发挥民间环保组织的积极性，支持各种形式的民间组织的交流与合作，比如生态文明青年论坛、生态文化节等。以生态环境为切入点，在"一带一路"建设中营造良好的环境氛围，为"一带一路"绿色发展提供舆论支持和保证，推动人民群众心连心。三是完善民间参与"一带一路"生态环境合作的机制，增强"一带一路"沿线国家和地区民众的生态意识。四是进入全球产业链后，跨国企业应该负起更多的社会责任，重视环境的保护，制定更加严格的环境标准，加大投资力度，为本地企业做出示范。

第二，做好绿色"一带一路"的国际传播。当前，国际上存在对中国"一带一路"建设误解的情况，认为中国在掠夺发展中国家的能源、转移落后产能、向周边地区转移污染。因此，中国应加大"一带一路"绿色发展的宣传力度，加强中国绿色"一带一路"的经验与成效，讲述中国的生态文明建设故事，消除国际社会对"一带一路"的疑虑。一方面，扩大"一带一路"绿色项目的国际宣传力度。加强与各参与方、媒体的交流与合作，强化环保政策、法律制度、人才交流、示范项目等常规交流与合作；开展"绿色丝绸之路使者"工程，促进国家环境主管、技术人才交流、沟通，促进环保技术、工业合作，提高沿线国家环保治理水平；搭建融通中外的环保交流平台，运用国际化、适合驻在国国情等方式讲述中国的环保故事。另一方面，利用好新媒体平台。搭建中国绿色"一带一路"的宣传平台和渠道；与"一带一路""绿色发展"国际联盟等组织共同推进大数据平台的推广，定期公布"一带一路"环境保护大数据的年度报告；与合作伙伴共同努力，建设更加紧密的"一带一路"国际合作伙伴关系。

图书在版编目（CIP）数据

绿色"一带一路" / 陈志华等著. —北京：北京师范大学出版社，2023.3

（高质量共建"一带一路"丛书）

ISBN 978-7-303-28850-2

Ⅰ. ①绿… Ⅱ. ①陈… Ⅲ. ①"一带一路"—绿色经济 Ⅳ. ①F11

中国国家版本馆 CIP 数据核字（2023）第 031116 号

营　销　中　心　电　话　010-58805385
北 京 师 范 大 学 出 版 社　http://xueda.bnup.com
主题出版与重大项目策划部

LÜSE YIDAIYILU

出版发行：北京师范大学出版社　www.bnup.com
　　　　　北京市西城区新街口外大街 12-3 号
　　　　　邮政编码：100088
印　　刷：北京盛通印刷股份有限公司
经　　销：全国新华书店
开　　本：710mm× 1000mm　1/16
印　　张：10.25
字　　数：100 千字
版　　次：2023 年 3 月第 1 版
印　　次：2023 年 3 月第 1 次印刷
定　　价：72.00 元

策划编辑：祁传华　　　　责任编辑：朱前前
美术编辑：王齐云　　　　装帧设计：王齐云
责任校对：陈　民　　　　责任印制：赵　龙